국가공인 한자자격시험 안내

● **한자자격시험은**

낱글자 암기 능력 위주의 평가를 지양하고
우리 국어 생활에 필요한 한자어들의 활용 능력을 평가하여
한자공부로 一石多鳥의 효과를 누릴 수 있도록 구성된
국가공인기관에서 시행하는 시험입니다.

- 총 5,000자의 선정한자를 등급별로 선정 ▶ 체계있는 단계별 한자학습
- 초·중·고등학교 교과서 한자어 평가 ▶ 전 교과목 학습능력 향상
- 총 1,000여 단어의 직업별 전문용어 평가 ▶ 업무능력의 향상

● **시험일정:** 연간 4회(세부일정은 홈페이지 참조, www.hanja114.org, 전화 02-3406-9111)

● **시험 요강**

급수		공인급수				교양급수							
		사범	1급	2급	3급	준3급	4급	준4급	5급	준5급	6급	7급	8급
평가한자수	계	5,000자	3,500자	2,300자	1,800자	1,350자	900자	700자	450자	250자	170자	120자	50자
	선정한자	5,000자	3,500자	2,300자	1,300자	1,000자	700자	500자	300자	150자	70자	50자	30자
	교과서. 작업군별 실용한자어	단문. 한시 등	500단어	500단어	500자 (436단어)	350자 (305단어)	200자 (156단어)	200자 (139단어)	150자 (117단어)	100자 (62단어)	100자 (62단어)	70자 (43단어)	20자 (13단어)
문항수		200	150	100	100	100	100	100	100	100	80	50	50
합격기준		80점	70점	70점	70점	70점	70점	70점	70점	70점	70점	70점	70점
시험시간(분)		120	80	60	60	60	60	60	60	60	60	60	60

※교과서 한자어는 3급 이하 급수에서 출제되며, 쓰기문제는 출제되지 않습니다. ※직업군별 실용한자어는 1급과 2급에서 출제됩니다.

● **접수방법**

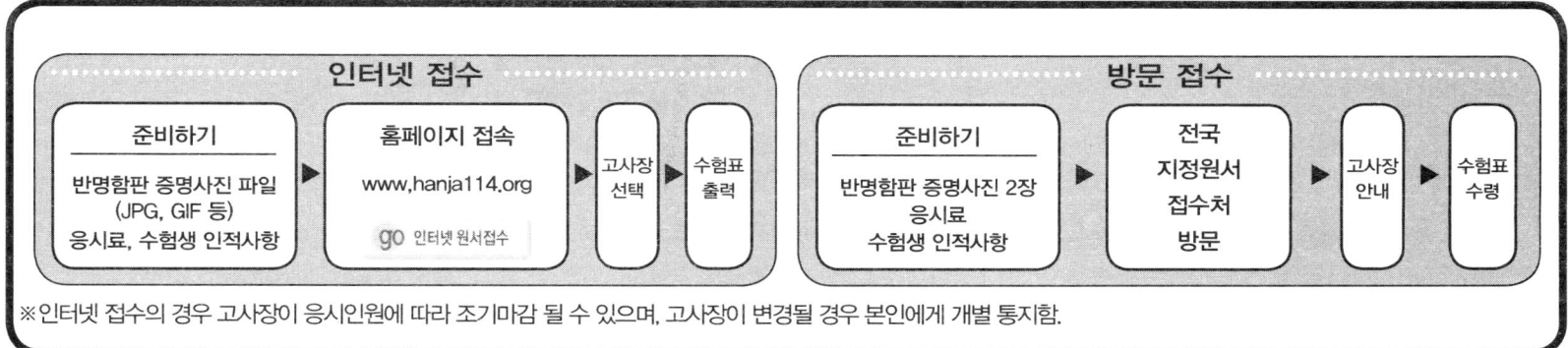

※인터넷 접수의 경우 고사장이 응시인원에 따라 조기마감 될 수 있으며, 고사장이 변경될 경우 본인에게 개별 통지함.

● **시험당일 준비 사항**

▶ 수험표와 신분증 소지
▶ 필기구: 6급 이상 – 컴퓨터용 싸인펜, 검정볼펜, 수정테이프
  7급~8급 – 연필, 지우개
▶ 고사장 위치 사전 확인
▶ 시험시간 20분 전 입실 완료

추천교재 구입처

도서출판 **형 민 사**
전화: 02)736-7694
홈페이지: www.hanja114.com

 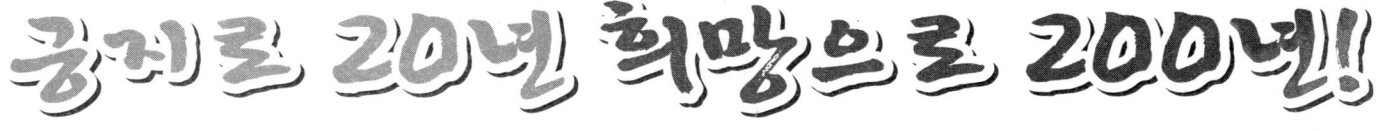

사단법인 한자교육진흥회는?

- 한자교육 단체 중 국내 최초로 법인 인가(1990년 11월)/국가공인 · 자격관리 운영기관 지정(2004년 1월)
- 국내 유일의 공교육체계에 맞는 급수 편성
- 3급부터 사범급까지 전체 급수 공인취득 ➡ **국가공인 민간자격증은 자격기본법 제 23조 3항에 따라 국가자격을 취득한 자와 동등한 대우를 받음**
- 전역예정장교 직업훈련교육기관으로 지정된 단체
- 생활보호대상자(학교별 단체 특별시험에 한함–교장의 추천), 교도소재소자, 발달장애아 등에게 무료 응시케 하는 사회봉사 단체
- **해외 한인학교 한자교육 및 자격시험 지원 기관(인도네시아, 독일 등)**
- 공공기관이 주관 · 실시하는 한자경시대회 출제 및 채점 지원(양천구청장배 등)
- ※ **간송학술장학재단의 장학규정에 의거 초 · 중 · 고교생 중 사범 합격자에게는 장학증서 및 장학금 지급**

한자자격시험은 이렇게 출제하여 평가한다.

- 교육부선정 한문교육용 기초한자 1,800자와 대법원인명용한자, 전산용한자, 고문연구용한자 등 총 5,000자를 급수별로 선정하고, 초 · 중 · 고교의 교과서 한자어와 직업군별 실용한자어 등을 종합평가한다.
- **객관식 약 30%, 주관식 약 70%로 출제**하고 한자의 훈음, 독음, 상대어(반의어), 유의어, 부수, 고문의 이해 범위에서의 쓰기, 읽기, 해석하기, 문장구성 등 종합적 활용능력을 평가한다.
- 3급 이하에서 출제되는 교과서 한자어는 사용 빈도수가 높은 단어를 선정 평가함으로써 **어휘력, 논술력 향상과 교과서 한자어의 인지도를 높여 종합적 학습능력을 신장**시킨다.
- 2급, 1급에서는 직업군별 실용한자어를 평가함으로써 **직무능력의 향상**을 꾀한다.

자격증을 취득하면 어디에 활용하는가?

- 국내 유수대학의 **입시에 우대**(각 대학의 입시요강 참고)
- 2005학년도 대학수학능력시험부터 '한문'을 선택과목으로 채택
- 한국방송통신대학교 중어중문학과에서 1급 이상의 자격을 취득한 자는 졸업논문 대체 인정
- 한국교육개발원의 학점인정기준에 따라 전국학점은행제 기관에 신청하면 **사범 5학점, 1급 3학점 인정**
- 전국경제인연합회 전임 강신호 회장이 타 단체와 크게 차별화 된 것을 높이 평가 전경련 회원사 (기업체)에 추천
  ➡ 국정원, 삼성그룹, 한국무역협회, 동아제약, 우리은행 등 **수많은 기업신입사원 채용 시 가산점 부여, 면접활용**
  ➡ 녹십자와 현대건설 등 다수의 기업에서는 협약을 맺어 전 사원에게 한자자격시험에 응시 인사고과에 반영
- 육군간부 및 군무원의 인사고과 반영
- 경기도 파주시청을 비롯한 국가기관에서 **공무원 직무능력 향상의 수단으로 한자 자격취득 권장**

한자자격시험 응시를 위한 준비는 어떻게 하나?

- **교재 활용하기**
  ➡ **추천도서: 도서출판 형민사** 발행 수험서
    – 한자자격시험(사범~8급, 총 12종)
    – 한자자격시험 연습문제집 (사범~8급, 총 12종)
    – 한자공부(1단계~5단계: 8급~5급 내용수록)
    – 쉽고 재미있게 익히는 한자공부 (초등학교용, 1단계~3단계): 서울시 교육감인정도서
- **인터넷 활용하기**
  ➡ 한자교육진흥회 홈페이지의 **기출문제** 이용하기: www.hanja114.org ➡ 상단 메뉴바 기출문제 참고

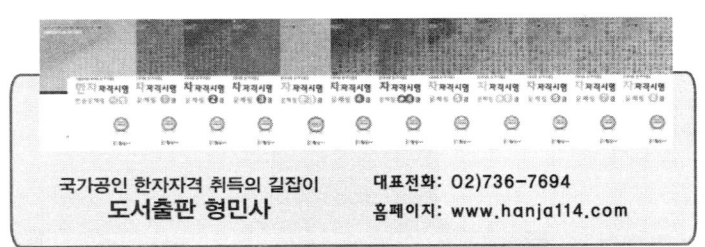

국가공인 한자자격 취득의 길잡이
도서출판 형민사

대표전화: 02)736-7694
홈페이지: www.hanja114.com

[6급] 선정한자

南	남녘	남		西	서녘	서
內	안	내		夕	저녁	석
年	해	년		少	적을	소
東	동녘	동		外	바깥	외
同	한가지	동		正	바를	정
名	이름	명		弟	아우	제
文	글월	문		主	주인	주
方	모	방		靑	푸를	청
夫	지아비	부		寸	마디	촌
北	북녘	북		向	향할	향

[8 급] 선 정 한 자

九	아홉	구	山	메	산	人	사람	인
口	입	구	三	석	삼	日	날	일
女	계집	녀	上	위	상	一	한	일
六	여섯	륙	小	작을	소	子	아들	자
母	어머니	모	水	물	수	中	가운데	중
木	나무	목	十	열	십	七	일곱	칠
門	문	문	五	다섯	오	土	흙	토
白	흰	백	王	임금	왕	八	여덟	팔
父	아버지	부	月	달	월	下	아래	하
四	넉	사	二	두	이	火	불	화

[7 급] 선 정 한 자

江	강	강	百	일백	백	足	발	족
工	장인	공	生	날	생	川	내	천
金	쇠	금	石	돌	석	千	일천	천
男	사내	남	手	손	수	天	하늘	천
力	힘	력	心	마음	심	出	날	출
立	설	립	入	들	입	兄	맏/형	형
目	눈	목	自	스스로	자			

[6급] 교과서 한자어

가열	加熱	방법	方法	일주	一周
각	角	배열	配列	점	點
거리	距離	변	邊	종류	種類
검소	儉素	분류	分類	주변	周邊
결과	結果	분리	分離	차	差
계산	計算	분수	分數	차이	差異
고민	苦悶	상품	賞品	착륙	着陸
공손	恭遜	수직	垂直	최선	最善
공통	共通	순서	順序	특징	特徵
관찰	觀察	시간	時間	평가	評價
구간	區間	식	式	평소	平素
기구	器具	실천	實踐	표	表
낭송	朗誦	실험	實驗	표어	標語
대화	對話	안전	安全	표현	表現
도형	圖形	암송	暗誦	합	合
무관심	無關心	역할	役割	혼합물	混合物
문제	問題	온도	溫度	화목	和睦
물체	物體	우애	友愛	화학	化學
반	半	이용	利用	활용	活用
반성	反省	이유	理由	효도	孝道
발명	發明	이해	理解		

한자실력급수 자격시험 6급 연습문제 〈1〉

객관식 (1~30번)

※ [   ] 안의 한자의 음(소리)으로 알맞은 것은?

1. [火] ① 팔 ② 인 ③ 화 ④ 목
2. [水] ① 수 ② 천 ③ 십 ④ 물
3. [正] ① 오 ② 지 ③ 강 ④ 정
4. [出] ① 날 ② 출 ③ 산 ④ 입
5. [寸] ① 십 ② 칠 ③ 촌 ④ 구

※ [   ] 안의 한자와 음이 같은 한자는?

6. [南] ① 男 ② 兄 ③ 夫 ④ 西
7. [東] ① 目 ② 同 ③ 川 ④ 八
8. [文] ① 九 ② 日 ③ 江 ④ 門

※ [   ] 안의 한자와 뜻이 반대되거나 상대되는 한자는?

9. [下] ① 六 ② 方 ③ 上 ④ 小
10. [外] ① 三 ② 內 ③ 火 ④ 水

※ 〈보기〉의 단어들과 가장 관련이 깊은 한자는?

11.

〈보기〉	태양	별	달

  ① 正 ② 立 ③ 天 ④ 寸

12.

〈보기〉	주먹	장갑	반지

  ① 出 ② 子 ③ 心 ④ 手

13.

〈보기〉	바위	자갈	조약돌

  ① 向 ② 石 ③ 百 ④ 口

※ [   ] 안에 설명에 맞는 한자어를 완성할 때, ○에 들어갈 한자는?

14. ○足 : [필요한 물건을 자기 스스로 충족시킴.]
  ① 自 ② 力 ③ 月 ④ 生
15. ○山 : [풀과 나무가 무성한 푸른 산.]
  ① 北 ② 七 ③ 靑 ④ 女

※ [   ] 안의 한자어의 독음(소리)으로 알맞은 것은?

16. 손쉬운 해결 [方法]을 생각해 보자.
  ① 방안 ② 방식 ③ 방향 ④ 방법
17. 감기에 걸리면 푹 쉬는 게 [最善]이다.
  ① 최선 ② 최적 ③ 차선 ④ 개선
18. 점 A와 점 B 사이의 [距離]은/는 3센티미터이다.
  ① 차이 ② 거리 ③ 직선 ④ 분리
19. 음악 [時間]에 여러 악기들의 이름과 바른 연주법을 배웠다.
  ① 문법 ② 발음 ③ 시간 ④ 수업
20. 오늘은 수학 [問題]이/가 잘 풀렸다.
  ① 공식 ② 연습 ③ 문장 ④ 문제

※ [   ] 안의 한자어의 뜻으로 알맞은 것은?

21. [賞品]
  ① 사고파는 물품.
  ② 원료를 써서 물건을 만듦. 또는 그렇게 만들어 낸 물품.
  ③ 사람의 성질이나 됨됨이.
  ④ 상으로 주는 물품.
22. [暗誦]
  ① 글을 보지 아니하고 입으로 욈.
  ② 훌륭한 것을 잊지 아니하고 일컬음.
  ③ 이전의 인상이나 경험을 의식 속에 간직하거나 도로 생각해 냄.
  ④ 필기도구, 계산기, 수판 따위를 이용하지 아니하고 머릿속으로 계산함.
23. [特徵]
  ① 어떤 종류 전체에 걸치지 아니하고 부분에 한정됨.
  ② 특별히 싸게 매긴 값.
  ③ 남이 가지지 못한 특별한 기술이나 기능.
  ④ 다른 것에 비하여 특별히 눈에 뜨이는 점.
24. [合]
  ① 다각형을 이루는 각 선분.
  ② 한 점에서 갈리어 나간 두 직선의 벌어진 정도.
  ③ 여럿이 한데 모임. 또는 여럿을 한데 모음.
  ④ 작고 둥글게 찍은 표.

25. [順序]
① 뒤죽박죽이 되어 어지럽고 질서가 없음.
② 정하여진 기준에서 말하는 전후, 좌우, 상하 따위의 차례 관계.
③ 순순히 따름.
④ 거짓이나 꾸밈이 없이 순수하며 인정이 두터움.

※ [ ] 안에 들어갈 한자어로 알맞은 것은?

26. 이 문제는 여러 측면에서 [ ]한 후에 결정하는 것이 좋겠다.
① 器具 ② 友愛 ③ 差異 ④ 苦悶

27. 의자 위에 낯선 [ ]가 놓여 있다.
① 孝道 ② 分類 ③ 物體 ④ 理解

28. 지금까지 저축한 돈의 합계를 [ ]해 보자.
① 配列 ② 計算 ③ 役割 ④ 對話

29. 그는 이번에는 꼭 마음먹은 바를 [ ]에 옮기겠다고 결심했다.
① 平素 ② 着陸 ③ 實踐 ④ 加熱

30. 스포츠를 즐길 때에는 항상 [ ]을/를 염두에 두어야 한다.
① 安全 ② 圖形 ③ 發明 ④ 分離

주관식 (31~80번)

※ 다음 한자의 훈(뜻)과 음(소리)을 한글로 쓰시오.

31. 兄   (   )
32. 江   (   )
33. 夫   (   )
34. 少   (   )
35. 西   (   )
36. 日   (   )
37. 目   (   )
38. 九   (   )
39. 川   (   )
40. 八   (   )

※ [ ] 안의 뜻을 가진 한자를 〈보기〉에서 찾아 쓰시오.

〈보기〉 水 土 出 夕 正 二 立 木 火 王

41. 눈 뭉치가 [나무] 위에서 떨어지면서 털썩털썩 하는 소리가 들려온다.   (   )

42. 서늘한 추석날 [저녁]의 달빛이 마당에 가득 쏟아졌다.   (   )

43. 조선의 여덟째 [임금]은 예종이다.
(   )

44. [두] 사람의 실력이 서로 비등해서 결판이 나지 않을 것 같다.   (   )

45. 이 지역은 [흙]이 좋고 물이 맑아서 농작물이 잘 자란다.   (   )

46. 하얀 재가 사방으로 흩어지면서 숯에 [불]이 붙는 소리가 톡톡 튀었다.   (   )

47. 냄비 [물]이 버르르 끓었다.
(   )

48. 우리는 줄을 [바르게] 섰다.
(   )

49. 그는 방문을 열고 거실로 [나와] 어른들께 인사를 했다.   (   )

50. 그 넓은 정원에는 장미 한 그루만 외로이 [서] 있었다.   (   )

※ 훈(뜻)과 음(소리)에 맞는 한자를 〈보기〉에서 찾아 쓰시오.

〈보기〉	北 入 白 七 十 名 四 女 千 五

51. 다섯   오   (   )

52. 넉   사   (   )

53. 북녘   북   (   )

54. 일곱   칠   (   )

55. 계집   녀   (   )

56. 흰   백   (   )

57. 일천   천   (   )

58. 열   십   (   )

59. 들   입   (   )

60. 이름   명   (   )

※ 한자어의 독음(소리)을 한글로 쓰시오.

61. 六寸   (   )

62. 中立   (   )

63. 弟子   (   )

64. 小心   (   )

65. 方向   (   )

66. 三百   (   )

67. 火口   (   )

68. 水力   (   )

69. 正月   (   )

70. 出生   (   )

※ 〈보기〉의 뜻을 참고하여 ○안에 공통으로 들어갈 한자를 쓰시오.

71. (1) ○夫   (2) 木○   (   )

〈보기〉	(1) 학문이나 기술을 배우고 익힘. (2) 나무를 다루어서 물건을 만드는 일.

72. (1) 入○   (2) 千○   (   )

〈보기〉	(1) 은행 따위에 예금하거나 빚을 갚기 위하여 돈을 들여놓는 일. (2) 많은 돈이나 비싼 값을 비유적으로 이르는 말.

73. (1) ○上   (2) 少○   (   )

〈보기〉	(1) 자기보다 나이가 많음. 또는 그런 사람. (2) 아직 완전히 성숙하지 아니한 어린 사내아이.

※ [   ] 안의 단어를 한자로 쓰시오.

74. 막둥이는 애교가 많아 [부모]님께 사랑을 많이 받는다.   (   )

75. 분실물을 주우면 [주인]을 찾아 주도록 하자.
          (   )

※ [   ] 안의 한자어를 한글로 쓰시오.

76. 그는 매일 밤 하루를 돌아보며 [反省]의 시간을 갖는다.   (   )

77. 우리는 밤하늘의 별을 망원경으로 [觀察]했다.   (   )

78. 가족 간의 [和睦]이 제일 중요하다.
          (   )

79. 그들은 민박이나 캠핑 시설을 [利用]하며 여행을 했다.   (   )

80. 우리는 전철역 [周邊] 지하상가에서 꽃을 샀다.   (   )

- 수고하셨습니다 -

한자실력급수 자격시험 6급 연습문제 〈2〉

객관식 (1~30번)

※ [　　] 안의 한자의 음(소리)으로 알맞은 것은?
1. [名]　① 석　② 외　③ 우　④ 명
2. [門]　① 문　② 간　③ 한　④ 연
3. [山]　① 출　② 수　③ 산　④ 토
4. [二]　① 인　② 이　③ 왕　④ 삼
5. [弟]　① 형　② 궁　③ 일　④ 제

※ [　　] 안의 한자와 음이 같은 한자는?
6. [夫]　① 下　② 父　③ 王　④ 兄
7. [子]　① 正　② 男　③ 自　④ 西
8. [木]　① 目　② 川　③ 土　④ 十

※ [　　] 안의 한자와 뜻이 반대되거나 상대되는 한자는?
9. [北]　① 九　② 四　③ 入　④ 南
10. [足]　① 手　② 東　③ 三　④ 上

※ 〈보기〉의 단어들과 가장 관련이 깊은 한자는?

11. | 〈보기〉 | 목수 | 대장장이 | 예술가 |

　　① 生　② 心　③ 工　④ 年

12. | 〈보기〉 | 반지 | 왕관 | 목걸이 |

　　① 金　② 日　③ 千　④ 方

13. | 〈보기〉 | 어머니 | 누나 | 고모 |

　　① 力　② 月　③ 女　④ 向

※ [　　] 안에 설명에 맞는 한자어를 완성할 때, ○에 들어갈 한자는?
14. ○人 : [대상이나 물건 따위를 소유한 사람.]
　　① 寸　② 主　③ 水　④ 中
15. 自○ : [남에게 예속되거나 의지하지 아니하고 스스로 섬.]
　　① 少　② 出　③ 下　④ 立

※ [　　] 안의 한자어의 독음(소리)으로 알맞은 것은?
16. 포유동물의 [特徵]을 조사하여 발표하였다.
　　① 활동　② 생활　③ 특징　④ 생태
17. 도덕 [時間]에 배운 내용을 마음에 새기고, 생활 속에서 늘 실천하도록 합니다.
　　① 시간　② 강의　③ 개념　④ 방법
18. 친구와 이야기를 많이 나누다 보면 그 친구를 더 많이 [理解]할 수 있습니다.
　　① 터득　② 이해　③ 친애　④ 활용
19. 에디슨은 전구를 [發明]하였습니다.
　　① 발견　② 발음　③ 발상　④ 발명
20. 오늘 시험 [結果]을/를 발표한다.
　　① 문제　② 정답　③ 결과　④ 시간

※ [　　] 안의 한자어의 뜻으로 알맞은 것은?
21. [恭遜]
　　① 아들의 아들. 또는 딸의 아들.
　　② 말이나 행동이 겸손하고 예의 바름.
　　③ 공경의 뜻을 나타내기 위하여 인사하는 일.
　　④ 말이나 행동 따위가 버릇없거나 겸손하지 못함.
22. [對話]
　　① 마주 대하여 이야기를 주고받음.
　　② 외국어로 이야기를 나눔.
　　③ 양자가 맞서서 우열이나 승패를 가림.
　　④ 전화로 말을 주고받음.
23. [共通]
　　① 공공의 목적으로 씀. 또는 그런 물건.
　　② 공공의 일과 사사로운 일을 아울러 이르는 말.
　　③ 어떤 것과 비교하여 똑같음.
　　④ 둘 또는 그 이상의 여럿 사이에 두루 통하고 관계됨.
24. [加熱]
　　① 기세가 몹시 사납고 세참.
　　② 어떤 물질에 열을 가함.
　　③ 식어서 차게 됨. 또는 식혀서 차게 함.
　　④ 액체가 기체로 변함. 또는 그런 현상.

25. [標語]
   ① 표시나 특징으로 어떤 사물을 다른 것과 구별
      하게 함.
   ② 생각이나 느낌 따위를 언어나 몸짓 따위의 형
      상으로 드러내어 나타냄.
   ③ 주의, 주장, 강령 따위를 간결하게 나타낸 짧
      은 어구.
   ④ 우편 요금을 낸 표시로 우편물에 붙이는 증표.

※ [ ] 안에 들어갈 한자어로 알맞은 것은?

26. 쓰레기 [   ]수거를 실천합시다.
      ① 順序   ② 分離   ③ 和睦   ④ 距離
27. 나는 세계를 [   ]하는 꿈을 가지고 있다.
      ① 周邊   ② 反省   ③ 一周   ④ 安全
28. 부모님께 항상 [   ]해야 한다.
      ① 賞品   ② 孝道   ③ 問題   ④ 利用
29. 우리 형제는 [   ]이/가 좋습니다.
      ① 友愛   ② 苦悶   ③ 方法   ④ 最善
30. 그녀는 온몸을 곧게 뻗으며 [   ](으)로 입수
    하였다.
      ① 暗誦   ② 物體   ③ 計算   ④ 垂直

주관식 (31~80번)

※ 다음 한자의 훈(뜻)과 음(소리)을 한글로 쓰시오.

31. 下   (   )
32. 火   (   )
33. 王   (   )
34. 十   (   )
35. 兄   (   )
36. 土   (   )
37. 正   (   )
38. 西   (   )
39. 男   (   )
40. 川   (   )

※ [ ] 안의 뜻을 가진 한자를 〈보기〉에서 찾아 쓰시오.

〈보기〉	山 力 門 年 中 天 名 少 二 弟

41. 답안지에 [이름]과 수험번호를 적고 문제를 풀기
    시작했다.   (   )

42. 엘리베이터 [문] 위의 문자판에 불이 켜졌다.
                              (   )

43. 이 [산]에는 곧게 뻗은 전나무들이 숲을 이루고
    있다.   (   )

44. 이 정도 비용이면 우리 [둘]이 여행 가기에 충분
    하지 않을까?   (   )

45. 형을 뒤따라 [아우]도 군대에 갔다.
                              (   )

46. [하늘]이 무너져도 솟아날 구멍이 있다.
                              (   )

47. 올 한 [해]는 유난히 바쁜 해였어.
                              (   )

48. 선생님의 따뜻한 말씀 한마디가 나에게 큰 [힘]이
    되었다.   (   )

49. 광장 [가운데]에 있는 시계탑에서 만나자.
                              (   )

50. 동생은 나보다 두 살 [어리다].
                              (   )

※ 훈(뜻)과 음(소리)에 맞는 한자를 〈보기〉에서 찾아 쓰시오.

〈보기〉	年 五 石 外 小 內 百 六 寸 文

51. 마디 촌 (　　　)
52. 안 내 (　　　)
53. 해 년 (　　　)
54. 여섯 륙 (　　　)
55. 다섯 오 (　　　)
56. 글월 문 (　　　)
57. 작을 소 (　　　)
58. 일백 백 (　　　)
59. 바깥 외 (　　　)
60. 돌 석 (　　　)

※ 한자어의 독음(소리)을 한글로 쓰시오.
61. 九千 (　　　)
62. 東方 (　　　)
63. 入力 (　　　)
64. 四月 (　　　)
65. 三寸 (　　　)
66. 上向 (　　　)
67. 生水 (　　　)
68. 心中 (　　　)
69. 年少 (　　　)
70. 日出 (　　　)

※ 〈보기〉의 뜻을 참고하여 ○안에 공통으로 들어갈 한자를 쓰시오.

71. (1) ○北　　(2) ○山　　(　　　)

〈보기〉	(1) 강의 북쪽 지역. (2) 강과 산이라는 뜻으로, 자연의 경치를 이르는 말.

72. (1) ○名　　(2) ○門　　(　　　)

〈보기〉	(1) 같은 이름. 또는 이름이 서로 같음. (2) 같은 학교에서 수학하였거나 같은 스승에게서 배운 사람.

73. (1) ○女　　(2) ○子　　(　　　)

〈보기〉	(1) 어머니와 딸을 아울러 이르는 말. (2) 어머니와 아들을 아울러 이르는 말.

※ [　] 안의 단어를 한자로 쓰시오.
74. 운동회 때 [청백]으로 팀을 나누었습니다.
　　　　　　　　　　　(　　　)
75. 칠월 [칠석]은 견우와 직녀가 만나는 날이라는 전설이 있습니다. (　　　)

※ [　] 안의 한자어를 한글로 쓰시오.
76. 정확한 사용법을 알고 실험 [器具]를 사용해야 한다. (　　　)
77. 담임선생님은 [儉素]하고 인자하신 분입니다.
　　　　　　　　　　　(　　　)
78. 오늘은 수학 시간에 여러 가지 [圖形]에 대해 배웠다. (　　　)
79. 수업 시간에 얼마나 성실했는지는 시험을 통해 [評價]해 볼 수 있다. (　　　)
80. 나는 여러 [種類]의 우표를 수집하고 있다.
　　　　　　　　　　　(　　　)

- 수고하셨습니다 -

한자실력급수 자격시험 **6**급 연습문제 〈3〉

객관식 (1~30번)

※ [   ] 안의 한자의 음(소리)으로 알맞은 것은?

1. [五] ① 륙 ② 왕 ③ 이 ④ 오
2. [王] ① 왕 ② 삼 ③ 이 ④ 토
3. [外] ① 월 ② 외 ③ 석 ④ 내
4. [月] ① 일 ② 달 ③ 월 ④ 해
5. [人] ① 입 ② 팔 ③ 칠 ④ 인

※ [   ] 안의 한자와 음이 같은 한자는?

6. [千] ① 自 ② 天 ③ 手 ④ 文
7. [九] ① 主 ② 北 ③ 口 ④ 靑
8. [夕] ① 百 ② 二 ③ 足 ④ 石

※ [   ] 안의 한자와 뜻이 반대되거나 상대되는 한자는?

9. [入] ① 出 ② 六 ③ 火 ④ 四
10. [弟] ① 方 ② 兄 ③ 山 ④ 內

※ 〈보기〉의 단어들과 가장 관련이 깊은 한자는?

11.

〈보기〉	오빠	고모부	이모부

  ① 力 ② 川 ③ 男 ④ 正

12.

〈보기〉	해돋이	일출	방위

  ① 寸 ② 心 ③ 小 ④ 東

13.

〈보기〉	가지	뿌리	줄기

  ① 年 ② 木 ③ 白 ④ 父

※ [   ] 안에 설명에 맞는 한자어를 완성할 때, ○에 들어갈 한자는?

14. 南○ : [남쪽으로 향함. 또는 그 방향.]
  ① 江 ② 立 ③ 工 ④ 向
15. ○日 : [세상에 태어난 날. 또는 태어난 날을 기념하는 해마다의 그날.]
  ① 生 ② 上 ③ 三 ④ 西

※ [   ] 안의 한자어의 독음(소리)으로 알맞은 것은?

16. 우리 부모님은 항상 나를 잘 [理解]해 주십니다.
  ① 이해 ② 보호 ③ 사랑 ④ 격려
17. 나는 과학[發明]경진대회에 참가하였다.
  ① 발명 ② 발송 ③ 발견 ④ 발표
18. 승부에 너무 집착하면 좋은 [結果]을/를 얻을 수 없다.
  ① 성과 ② 과정 ③ 성적 ④ 결과
19. 웃어른께 [恭遜]한 태도로 인사합시다.
  ① 겸손 ② 공손 ③ 얌전 ④ 공경
20. 모든 일이 [順序]대로 착착 진행되었다.
  ① 차례 ② 약속 ③ 순서 ④ 계획

※ [   ] 안의 한자어의 뜻으로 알맞은 것은?

21. [和睦]
  ① 서로서로 시기하고 미워함.
  ② 서로 가지고 있던 안 좋은 감정을 풀어 없앰.
  ③ 종이, 천, 비닐 따위를 재료로 하여 인공적으로 만든 꽃.
  ④ 서로 뜻이 맞고 정다움.
22. [距離]
  ① 사람이나 차가 많이 다니는 길.
  ② 서로 나뉘어 떨어짐. 또는 그렇게 되게 함.
  ③ 두 개의 물건이나 장소 따위가 공간적으로 떨어진 길이.
  ④ 종류에 따라서 가름.
23. [周邊]
  ① 어떤 대상의 둘레.
  ② 일을 주선하거나 변통함. 또는 그런 재주.
  ③ 일정한 경로를 한 바퀴 돎.
  ④ 일이 잘되도록 여러 가지 방법으로 힘씀.
24. [反省]
  ① 어떤 행동이나 견해, 제안 따위에 따르지 아니하고 맞서 거스름.
  ② 자신의 언행에 대하여 잘못이나 부족함이 없는지 돌이켜 봄.
  ③ 어떤 행동이나 견해, 제안 따위가 옳거나 좋다고 판단하여 수긍함.
  ④ 전체에서 일부를 줄이거나 뺌.

25. [配列]
   ① 우편물이나 짐, 상품 따위를 요구하는 장소까지 직접 배달해 주는 일.
   ② 물자를 여러 곳에 나누어 보내 줌.
   ③ 물건을 가져다가 몫몫으로 나누어 돌림.
   ④ 일정한 차례나 간격에 따라 벌여 놓음.

※ [ ] 안에 들어갈 한자어로 알맞은 것은?

26. 안개가 짙게 끼었으나 비행기는 무사히 [ ]했습니다.
   ① 特徵 ② 着陸 ③ 分離 ④ 對話

27. 리듬을 살려 시를 [ ]해 봅시다.
   ① 朗誦 ② 共通 ③ 加熱 ④ 標語

28. 작은 것이라도 동생과 사이좋게 [ ]으로 나누어 먹는다.
   ① 合 ② 點 ③ 半 ④ 角

29. 쓰레기도 잘 [ ]하면 자원이 된다.
   ① 時間 ② 一周 ③ 孝道 ④ 活用

30. 학생들은 [ ]을/를 마치고 시간에 따른 온도 변화를 그래프로 나타내었다.
   ① 友愛 ② 垂直 ③ 實驗 ④ 器具

주관식 (31~80번)

※ 다음 한자의 훈(뜻)과 음(소리)을 한글로 쓰시오.

31. 自 (   )
32. 靑 (   )
33. 手 (   )
34. 百 (   )
35. 文 (   )
36. 二 (   )
37. 主 (   )
38. 足 (   )
39. 北 (   )
40. 目 (   )

※ [ ] 안의 뜻을 가진 한자를 〈보기〉에서 찾아 쓰시오.

〈보기〉 外 八 人 王 內 正 土 五 月 七

41. 탁자 위에는 백합 [다섯] 송이가 놓여 있었다.
   (   )

42. 저기 커다란 문이 [임금]님이 계시는 궁궐의 문이다.
   (   )

43. 차가운 [바깥]공기와는 달리 교실 안은 따뜻했다.
   (   )

44. 쟁반같이 둥근 [달]이 밝게 떠올랐다.
   (   )

45. 마을 [사람]들은 이장의 의견에 찬성했다.
   (   )

46. 백설 공주와 [일곱] 난쟁이. (   )

47. 나는 집 앞 얼음길에 [흙]을 뿌려서 미끄럽지 않게 했다.
   (   )

48. 돌에는 [여덟] 개의 연꽃잎 장식이 새겨져 있었다.
   (   )

49. 음악 시간에 여러 악기들의 이름과 [바른] 연주법을 배웠다.
   (   )

50. 그 정도면 일주일 [안]에 끝낼 수 있을 것 같습니다.
   (   )

※ 훈(뜻)과 음(소리)에 맞는 한자를 〈보기〉에서 찾아 쓰시오.

〈보기〉	兄 三 工 西 母 年 少 立 上 金

51. 설 립 (   )

52. 장인 공 (   )

53. 쇠 금 (   )

54. 맏 형 (   )

55. 해 년 (   )

56. 어머니 모 (   )

57. 석 삼 (   )

58. 위 상 (   )

59. 서녘 서 (   )

60. 적을 소 (   )

※ 한자어의 독음(소리)을 한글로 쓰시오.

61. 六十 (   )

62. 火力 (   )

63. 白金 (   )

64. 四寸 (   )

65. 年中 (   )

66. 方正 (   )

67. 小子 (   )

68. 山川 (   )

69. 父女 (   )

70. 內心 (   )

※ 〈보기〉의 뜻을 참고하여 ○안에 공통으로 들어갈 한자를 쓰시오.

71. (1) ○目   (2) ○手   (   )

〈보기〉	(1) 겉으로 내세우는 이름. 구실이나 이유. (2) 기능이나 기술 따위에서 소질과 솜씨가 뛰어난 사람.

72. (1) ○人   (2) 兄○   (   )

〈보기〉	(1) 남의 아내를 높여 이르는 말. (2) 언니의 남편을 이르거나 부르는 말.

73. (1) ○上   (2) ○石   (   )

〈보기〉	(1) 물의 위. 또는 물길. (2) 물과 돌을 아울러 이르는 말.

※ [   ] 안의 단어를 한자로 쓰시오.

74. 노를 저을 때는 모두 [동일]한 방향으로 저어야 한다. (   )

75. 그의 [문하]에서 뛰어난 인재들이 많이 배출되었다. (   )

※ [   ] 안의 한자어를 한글로 쓰시오.

76. 그림자놀이로 동물을 [表現]해 봅시다. (   )

77. 물의 [溫度]에 따라 물고기의 호흡수가 변화합니다. (   )

78. 연극 '왕자와 거지'에서 거지의 [役割]을 맡았다. (   )

79. 나는 학교 앞에서 본관 건물까지의 [區間]을 책임지고 청소했다. (   )

80. 그녀는 이기적이어서 그런지 다른 사람들에게 [無關心]하다. (   )

- 수고하셨습니다 -

한자실력급수 자격시험 6급 연습문제 <4>

객관식 (1~30번)

※ [　] 안의 한자의 음(소리)으로 알맞은 것은?
1. [門] ① 창　② 구　③ 문　④ 집
2. [心] ① 삼　② 소　③ 필　④ 심
3. [外] ① 내　② 외　③ 점　④ 달
4. [月] ① 월　② 일　③ 석　④ 년
5. [子] ① 녀　② 명　③ 자　④ 인

※ [　] 안의 한자와 음이 같은 한자는?
6. [小] ① 力　② 母　③ 父　④ 少
7. [手] ① 水　② 三　③ 入　④ 口
8. [白] ① 六　② 百　③ 出　④ 四

※ [　] 안의 한자와 뜻이 반대되거나 상대되는 한자는?
9. [女] ① 金　② 北　③ 男　④ 人
10. [西] ① 自　② 八　③ 石　④ 東

※ <보기>의 단어들과 가장 관련이 깊은 한자는?

11. | <보기> | 달력 | 사계절 | 세월 |

　　① 王　② 九　③ 年　④ 主

12. | <보기> | 명찰 | 출석부 | 성명 |

　　① 名　② 方　③ 山　④ 女

13. | <보기> | 시력 | 안경 | 안과 |

　　① 十　② 天　③ 江　④ 目

※ [　] 안에 설명에 맞는 한자어를 완성할 때, ○에 들어갈 한자는?
14. 工○ : [학문이나 기술을 배우고 익힘.]
　　① 下　② 夫　③ 上　④ 生
15. ○木 : [땔감으로 쓸 나무.]
　　① 南　② 文　③ 火　④ 口

※ [　] 안의 한자어의 독음(소리)으로 알맞은 것은?
16. 부모님께서 꾸중하신 [理由]을/를 나중에야 알게 되었다.
　　① 이유　② 사연　③ 원인　④ 이해
17. 물속에 사는 동물들의 [共通]점을 찾아보자.
　　① 공용　② 공통　③ 소통　④ 소용
18. 누나가 시험에 합격한 것은 노력의 [結果]이다.
　　① 결론　② 결정　③ 결실　④ 결과
19. 비행기가 [着陸]하고 많은 사람들이 내렸다.
　　① 착지　② 상륙　③ 착륙　④ 이륙
20. 아는 [問題]도 꼭 실수로 틀린다.
　　① 문항　② 문제　③ 숙제　④ 화제

※ [　] 안의 한자어의 뜻으로 알맞은 것은?
21. [時間]
① 때와 날을 아울러 이르는 말.
② 어떤 시각에서 어떤 시각까지의 사이.
③ 적당한 때나 기회.
④ 한 달에 한 번씩 정해 놓고 책 따위를 발행하는 일.
22. [分類]
① 종류에 따라서 가름.
② 몫몫이 별러 나눔.
③ 석유·등유·휘발유나 참기름·들기름·콩기름 따위를 통틀어 이르는 말.
④ 뛰어나서 견줄 데가 없음.
23. [理解]
① 이익과 손해를 아울러 이르는 말.
② 어떠한 결론이나 결과에 이른 까닭이나 근거.
③ 사물의 이치나 지식 따위를 해명하기 위하여 논리적으로 정연하게 일반화한 명제의 체계.
④ 깨달아 앎. 또는 잘 알아서 받아들임.
24. [差異]
① 둘 이상의 대상을 각각 등급이나 수준 따위의 차이를 두어서 구별함.
② 서로 같지 아니하고 다름.
③ 최고점이나 기준점에 다음가는 점수.
④ 등급이나 정도가 같음.

25. [對話]
① 한 단체나 공적인 자리에 있는 사람이 어떤 문제에 대한 견해나 태도를 밝히는 말.
② 있지 아니한 일에 대하여 사실처럼 재미있게 말함.
③ 마주 대하여 이야기를 주고받음. 또는 그 이야기.
④ 종교의 교리를 설명함. 또는 그런 설명.

※ [ ] 안에 들어갈 한자어로 알맞은 것은?

26. 진돗개의 [ ]은 꼬리를 둥글게 감는 것이라고 한다.
① 實踐   ② 特徵   ③ 觀察   ④ 計算

27. 실험시간에 [ ]물질을 다룰 때는 특별히 조심 해야 합니다.
① 最善   ② 暗誦   ③ 化學   ④ 物體

28. 피아노의 건반은 반음 간격을 두고 낮은음으로 부터 높은음으로 [ ]되어 있다.
① 苦悶   ② 配列   ③ 方法   ④ 評價

29. 우리 가족은 시립도서관을 자주 [ ]한다.
① 利用   ② 儉素   ③ 圖形   ④ 種類

30. 목적지에 [ ]하게 도착하였습니다.
① 孝道   ② 友愛   ③ 垂直   ④ 安全

주관식 (31~80번)

※ 다음 한자의 훈(뜻)과 음(소리)을 한글로 쓰시오.

31. 口   (   )
32. 力   (   )
33. 六   (   )
34. 母   (   )
35. 出   (   )
36. 父   (   )
37. 四   (   )
38. 三   (   )
39. 夕   (   )
40. 入   (   )

※ [ ] 안의 뜻을 가진 한자를 〈보기〉에서 찾아 쓰시오.

〈보기〉   月 石 心 千 自 子 外 文 兄 門

41. 형은 [문]을 열고 밖을 내다보았다.
(   )

42. 그런 일은 [마음]에 담아 두지 말고 빨리 잊어버리는 것이 좋다.   (   )

43. 오늘 저녁은 [바깥]에서 외식을 하기로 했다.
(   )

44. [달]은 지구 주위를 돈다.   (   )

45. 이모가 어제 둘째 [아들]을 낳으셨다.
(   )

46. 나는 속으로 일부터 [천]까지 세었지만 여전히 잠이 오지 않았다.   (   )

47. 그때 나는 미국에 있는 [형]에게 편지를 쓰고 있었다.   (   )

48. 너 [스스로] 하늘을 우러러 한 점의 부끄럼도 없는지를 반성해 보렴.   (   )

49. 그의 [글]은 단순하면서도 재미가 있다.
(   )

50. 삼촌은 [돌]을 깎아 조각품을 만들었다.
(   )

※ 훈(뜻)과 음(소리)에 맞는 한자를 〈보기〉에서 찾아 쓰시오.

〈보기〉	足 七 日 寸 向 靑 五 二 川 土

51. 두   이   (   )
52. 마디   촌   (   )
53. 발   족   (   )
54. 다섯   오   (   )
55. 흙   토   (   )
56. 일곱   칠   (   )
57. 푸를   청   (   )
58. 내   천   (   )
59. 향할   향   (   )
60. 해   일   (   )

※ 한자어의 독음(소리)을 한글로 쓰시오.

61. 金石   (   )
62. 山下   (   )
63. 女王   (   )
64. 北上   (   )
65. 十九   (   )
66. 人生   (   )
67. 自主   (   )
68. 天文   (   )
69. 八方   (   )
70. 江南   (   )

※ 〈보기〉의 뜻을 참고하여 ○안에 공통으로 들어갈 한자를 쓰시오.

71. (1) ○外   (2) ○心   (   )

〈보기〉	(1) 안과 밖을 아울러 이르는 말. (2) 겉으로 드러나지 아니한 실제의 마음.

72. (1) ○子   (2) 兄○   (   )

〈보기〉	(1) 스승으로부터 가르침을 받거나 받은 사람. (2) 형과 아우를 아울러 이르는 말.

73. (1) ○門   (2) ○月   (   )

〈보기〉	(1) 건물의 정면에 있는 주가 되는 출입문. (2) 음력으로 한 해의 첫째 달.

※ [   ] 안의 단어를 한자로 쓰시오.

74. 심판은 경기에서 [중립]을 지켜야 한다.
   (   )

75. [일동], 차렷!   (   )

※ [   ] 안의 한자어를 한글로 쓰시오.

76. 오늘 과학 시간에는 물과 모래의 [混合物]을 분리하는 실험을 했다.   (   )

77. 증기 기관의 [發明]은 영국 산업 혁명의 발판이 되었다.   (   )

78. 미술대회에서 [賞品]을 받았습니다.
   (   )

79. 무슨 좋은 일이 있는지 [平素]에는 조용한 그가 오늘따라 활기가 넘친다. (   )

80. 동생이 물감을 무지개색 순서로 [配列]했다.
   (   )

- 수고하셨습니다 -

한자실력급수 자격시험 6급 연습문제 〈5〉

객관식 (1~30번)

※ [   ] 안의 한자의 음(소리)으로 알맞은 것은?

1. [口] ① 수 ② 구 ③ 목 ④ 입
2. [內] ① 내 ② 안 ③ 외 ④ 출
3. [四] ① 삼 ② 선 ③ 서 ④ 사
4. [山] ① 출 ② 산 ③ 칠 ④ 왕
5. [月] ① 달 ② 명 ③ 월 ④ 일

※ [   ] 안의 한자와 음이 같은 한자는?

6. [木] ① 火 ② 目 ③ 三 ④ 文
7. [南] ① 外 ② 主 ③ 男 ④ 八
8. [一] ① 二 ② 日 ③ 金 ④ 門

※ [   ] 안의 한자와 뜻이 반대되거나 상대되는 한자는?

9. [母] ① 父 ② 手 ③ 生 ④ 小
10. [北] ① 足 ② 入 ③ 正 ④ 南

※ 〈보기〉의 단어들과 가장 관련이 깊은 한자는?

11.
| 〈보기〉 | 물고기 | 뱃놀이 | 낚시 |

　　① 名 ② 十 ③ 百 ④ 江

12.
| 〈보기〉 | 어두움 | 땅거미 | 노을 |

　　① 夕 ② 五 ③ 白 ④ 人

13.
| 〈보기〉 | 감정 | 심장 | 느낌 |

　　① 七 ② 方 ③ 心 ④ 寸

※ [   ] 안에 설명에 맞는 한자어를 완성할 때, ○에 들어갈 한자는?

14. 同○ : [어떤 것과 비교하여 똑같음.]
　　① 土 ② 一 ③ 石 ④ 自
15. ○上 : [실력, 수준, 기술 따위가 나아짐. 또는 나아지게 함.]
　　① 少 ② 王 ③ 六 ④ 向

※ [   ] 안의 한자어의 독음(소리)으로 알맞은 것은?

16. 소수를 [分數]로 바꾸는 법을 배웠다.
　　① 정수 ② 분수 ③ 대수 ④ 약수
17. [點]선을 따라 그림을 그려봅시다.
　　① 곡 ② 실 ③ 점 ④ 직
18. 여러 가지 물질을 [加熱]하면서 그 변화를 관찰하여 봅시다.
　　① 가열 ② 가습 ③ 가감 ④ 가능
19. 통일을 기원하는 [標語]를 써 보았다.
　　① 단어 ② 속어 ③ 언어 ④ 표어
20. 그녀는 주변에서 일어나는 일들에 [無關心]한 태도를 보였다.
　　① 무관심 ② 무력심 ③ 무상심 ④ 무적심

※ [   ] 안의 한자어의 뜻으로 알맞은 것은?

21. [朗誦]
　① 훌륭한 것을 잊지 아니하고 일컬음.
　② 여럿의 의견을 좇아 사람을 천거함.
　③ 크게 소리를 내어 글을 읽거나 욈.
　④ 소리 없이 읽음.
22. [平素]
　① 사치하지 않고 꾸밈없이 수수함.
　② 필요 이상의 돈이나 물건을 쓰거나 분수에 지나친 생활을 함.
　③ 본디부터 가지고 있는 성질.
　④ 특별한 일이 없는 보통 때. 평상시.
23. [對話]
　① 상대가 묻거나 요구하는 것에 대하여 해답이나 제 뜻을 말함.
　② 마주 대하여 이야기를 주고받음. 또는 그 이야기.
　③ 어린이를 위하여 동심을 바탕으로 지은 이야기.
　④ 아동이 그린 그림.
24. [反省]
　① 자신의 언행에 대하여 잘못이나 부족함이 없는지 돌이켜 봄.
　② 남에게 비웃음을 살 만한 거리.
　③ 좋은 일에 힘쓰도록 북돋아 줌.
　④ 빌리거나 차지했던 것을 되돌려줌.

25. [表]
① 행사를 치르는 일정한 법식. 또는 정하여진 방식에 따라 치르는 행사.
② 한 점에서 나간 두 개의 반직선이 이루는 도형.
③ 어떤 내용을 일정한 형식과 순서에 따라 보기 쉽게 나타낸 것.
④ 문장 부호로 쓰는 표. 마침표, 쉼표, 가운뎃점 따위를 이름.

※ [ ] 안에 들어갈 한자어로 알맞은 것은?

26. [ ]한 생활이 집안을 일으킨다.
① 圖形 ② 評價 ③ 種類 ④ 儉素

27. 부모님의 마음을 편히 해드리는 것이 [ ] (이)다.
① 孝道 ② 友愛 ③ 垂直 ④ 器具

28. 저울을 다룰 때에는 보통 [ ]은/는 왼쪽 접시에 놓고 분동은 오른쪽 접시에 놓는다.
① 計算 ② 物體 ③ 實踐 ④ 觀察

29. [ ]이 있을 때는 부모님과 상의하십시오.
① 方法 ② 最善 ③ 苦悶 ④ 暗誦

30. 응용문제를 풀 때는 먼저 [ ]을/를 써 보아야 한다.
① 差 ② 角 ③ 邊 ④ 式

주관식 (31~80번)

※ 다음 한자의 훈(뜻)과 음(소리)을 한글로 쓰시오.

31. 火 (   )
32. 二 (   )
33. 金 (   )
34. 文 (   )
35. 外 (   )
36. 手 (   )
37. 主 (   )
38. 八 (   )
39. 門 (   )
40. 三 (   )

※ [ ] 안의 뜻을 가진 한자를 〈보기〉에서 찾아 쓰시오.

〈보기〉 四 白 月 內 石 子 川 山 天 口

41. 소화 과정의 첫 단계는 [입]에서 시작된다. (   )

42. 버스 정류장 옆에 있는 전화박스 [안]으로 들어가 전화를 걸었다. (   )

43. 교실에는 아직도 아이들이 [넷]이나 남아 있었다. (   )

44. 해가 [산] 중턱에 걸렸다. (   )

45. 그 사람이 떠난 지 다섯 [달]이 다 되었다. (   )

46. 그는 평범한 농부의 셋째 [아들]로 태어났다. (   )

47. 우리는 밤[하늘]에서 카시오페이아 성좌를 찾아보았다. (   )

48. 우리 고향집은 버스에서 내린 다음에도 고개를 넘고 [내]를 두 개나 건너야 나온다. (   )

49. 빨간 니트에 [흰] 모자를 쓴 누나의 모습은 예뻤다. (   )

50. 계곡 바닥에는 흰 [돌]들이 물에 잘 연마되어 윤기가 흘렀다. (   )

※ 훈(뜻)과 음(소리)에 맞는 한자를 〈보기〉에서 찾아 쓰시오.

〈보기〉	生 弟 小 足 東 正 水 入 西 九

51. 동녘   동   (   )

52. 날   생   (   )

53. 물   수   (   )

54. 작을   소   (   )

55. 서녘   서   (   )

56. 발   족   (   )

57. 아홉   구   (   )

58. 들   입   (   )

59. 아우   제   (   )

60. 바를   정   (   )

※ 한자어의 독음(소리)을 한글로 쓰시오.

61. 名人   (   )

62. 石工   (   )

63. 十七   (   )

64. 自力   (   )

65. 百方   (   )

66. 少女   (   )

67. 五寸   (   )

68. 王立   (   )

69. 白土   (   )

70. 六千   (   )

※ 〈보기〉의 뜻을 참고하여 ○안에 공통으로 들어갈 한자를 쓰시오.

71. (1) ○門   (2) ○天   (   )

〈보기〉	(1) 가운데 뜰로 들어가는 대문. (2) 하늘의 한가운데.

72. (1) ○金   (2) 月○   (   )

〈보기〉	(1) 돈을 내어 쓰거나 내어 줌. (2) 달이 지평선 위로 떠오름.

73. (1) ○山   (2) ○水   (   )

〈보기〉	(1) 산에서 내려오거나 내려감. (2) 빗물이나 집, 공장, 병원 따위에서 쓰고 버리는 더러운 물.

※ [   ] 안의 단어를 한자로 쓰시오.

74. 언니와 [형부]는 벌써 오 년째 주말부부로 살고 있다.   (   )

75. 그녀는 서울에서 대학을 마친 한 [청년]과 결혼하였다.   (   )

※ [   ] 안의 한자어를 한글로 쓰시오.

76. 물의 [溫度]를 재어봅시다.
      (   )

77. 우리는 졸업식의 [順序]를 익힐 수 있도록 예행 연습을 했다.   (   )

78. 굴국밥은 맛있는 육수에 청정 미역과 대파, 두부가 들어간 시원한 맛이 [特徵]이다.
      (   )

79. 기상 악화에도 불구하고 비행기는 [安全]하게 착륙하였다.   (   )

80. 우리 가족은 [和睦]을 가장 중요한 덕목으로 여겼다.   (   )

- 수고하셨습니다 -

한자실력급수 자격시험 6급 연습문제 〈6〉

객관식 (1~30번)

※ [　] 안의 한자의 음(소리)으로 알맞은 것은?
1. [少]　① 화　② 소　③ 석　④ 수
2. [水]　① 수　② 목　③ 화　④ 물
3. [二]　① 둘　② 삼　③ 일　④ 이
4. [弟]　① 궁　② 제　③ 형　④ 십
5. [足]　① 수　② 발　③ 족　④ 체

※ [　] 안의 한자와 음이 같은 한자는?
6. [川]　① 王　② 千　③ 三　④ 山
7. [自]　① 西　② 月　③ 子　④ 南
8. [石]　① 八　② 夕　③ 火　④ 口

※ [　] 안의 한자와 뜻이 반대되거나 상대되는 한자는?
9. [內]　① 外　② 年　③ 手　④ 下
10. [出]　① 父　② 小　③ 百　④ 入

※ 〈보기〉의 단어들과 가장 관련이 깊은 한자는?

11. | 〈보기〉 | 노래 | 음식 | 입술 |

　① 北　② 土　③ 六　④ 口

12. | 〈보기〉 | 동화 | 글짓기 | 독후감 |

　① 十　② 五　③ 文　④ 工

13. | 〈보기〉 | 좌우 | 상하 | 앞뒤 |

　① 方　② 女　③ 兄　④ 人

※ [　] 안에 설명에 맞는 한자어를 완성할 때, ○에 들어갈 한자는?
14. ○生 : [같은 부모에게서 태어난 자식 가운데 나이가 적은 사람.]
　① 心　② 同　③ 十　④ 日
15. ○天 : [푸른 하늘.]
　① 木　② 向　③ 中　④ 靑

※ [　] 안의 한자어의 독음(소리)으로 알맞은 것은?
16. 시간의 흐름에 따른 용액의 변화를 [觀察]하여 보았다.
　① 기록　② 관찰　③ 선택　④ 감시
17. 우유팩을 [活用]하여 저금통을 만들었습니다.
　① 활용　② 이용　③ 적용　④ 설용
18. 측우기는 비가 내린 양을 재는 [器具]이다.
　① 방법　② 도구　③ 기구　④ 기계
19. 100미터 높이의 폭포가 [垂直]으로 낙하하였다.
　① 직각　② 사선　③ 직선　④ 수직
20. 그 형제는 형제 사이의 [友愛]이/가 남달랐다.
　① 친밀　② 우정　③ 우애　④ 화목

※ [　] 안의 한자어의 뜻으로 알맞은 것은?
21. [實踐]
　① 과학에서, 이론이나 현상을 관찰하고 측정함.
　② 앞으로 할 일의 절차, 방법, 규모 따위를 미리 헤아려 작정함.
　③ 실제를 조사하거나 검사함.
　④ 생각한 바를 실제로 행함.
22. [種類]
　① 사물의 부문을 나누는 갈래.
　② 두 개의 물건이나 장소 따위가 공간적으로 떨어진 길이.
　③ 글자로 기록한 문서를 통틀어 이르는 말.
　④ 세계의 모든 사람.
23. [圖形]
　① 사람이나 동물 모양으로 만든 장난감.
　② 그림의 모양이나 형태.
　③ 모양이나 형태가 달라지거나 달라지게 함.
　④ 땅의 생긴 모양이나 형세.
24. [方法]
　① 국가 통치 체제의 기초에 관한 각종 근본 법규의 총체.
　② 예술품을 만드는 솜씨.
　③ 어떤 일을 해 나가거나 목적을 이루기 위하여 취하는 수단이나 방식.
　④ 반드시 지켜야만 하는 규범.

25. [表現]
① 거주자의 성명을 써서 문 따위에 걸어 놓는 표.
② 사물의 가장 바깥쪽. 또는 가장 윗부분.
③ 물체의 뒤쪽 면.
④ 생각이나 느낌 따위를 언어나 몸짓 따위의 형상으로 드러내어 나타냄.

※ [ ] 안에 들어갈 한자어로 알맞은 것은?

26. 환절기에는 낮과 밤의 기온 [   ]이/가 심하다.
① 點   ② 差   ③ 表   ④ 半

27. 성적만 가지고 학생의 됨됨이를 [   ]할 수는 없다.
① 區間   ② 時間   ③ 評價   ④ 加熱

28. 나는 목표 도달을 위해 [   ]을/를 다했다.
① 分數   ② 距離   ③ 着陸   ④ 最善

29. 시조 [   ] 대회에 참가했다.
① 暗誦   ② 儉素   ③ 反省   ④ 順序

30. 그 상인은 [   ]을/를 잘못하여 손해를 보았다.
① 物體   ② 計算   ③ 和睦   ④ 標語

주관식 (31~80번)

※ 다음 한자의 훈(뜻)과 음(소리)을 한글로 쓰시오.

31. 八   (   )
32. 南   (   )
33. 火   (   )
34. 王   (   )
35. 口   (   )
36. 三   (   )
37. 西   (   )
38. 山   (   )
39. 月   (   )
40. 四   (   )

※ [ ] 안의 뜻을 가진 한자를 〈보기〉에서 찾아 쓰시오.

〈보기〉 七 弟 水 手 寸 二 五 足 少 土

41. [어릴] 적에 우리가 뛰어놀던 논틀, 밭틀에 이젠 높은 건물들이 들어섰다. (   )

42. 홍수로 인해 길이 모두 [물]에 잠겨서 통행이 불가능하다. (   )

43. 어머니는 포목점에서 옷감 [두] 필을 끊어 오셨다. (   )

44. 형은 논 몇 마지기를 떼어 [아우]에게 주었다. (   )

45. [발] 맞추어 나가자 앞으로 가자. (   )

46. 그는 종일 몇 [마디]도 하지 않고 묵묵히 일만 하였다. (   )

47. 사과 열 개 중 그가 [일곱] 개를 먹고 나머지를 내가 먹었다. (   )

48. 기념관 건립이 [다섯] 해 만에 겨우 끝장났다. (   )

49. 고향에 돌아온 그는 [흙]을 한 움큼 듬쑥 쥐며 기뻐하였다. (   )

50. 음식을 먹기 전에는 [손]을 깨끗이 씻어야 한다. (   )

※ 훈(뜻)과 음(소리)에 맞는 한자를 〈보기〉에서 찾아 쓰시오.

〈보기〉	足 上 門 九 水 七 目 男 二 母

51. 물　　　수　　（　　　）

52. 어머니　모　　（　　　）

53. 문　　　문　　（　　　）

54. 사내　　남　　（　　　）

55. 발　　　족　　（　　　）

56. 아홉　　구　　（　　　）

57. 일곱　　칠　　（　　　）

58. 두　　　이　　（　　　）

59. 눈　　　목　　（　　　）

60. 위　　　상　　（　　　）

※ 한자어의 독음(소리)을 한글로 쓰시오.

61. 百年　（　　　）

62. 五十　（　　　）

63. 小人　（　　　）

64. 六日　（　　　）

65. 父兄　（　　　）

66. 土木　（　　　）

67. 下女　（　　　）

68. 北向　（　　　）

69. 手工　（　　　）

70. 心中　（　　　）

※ 〈보기〉의 뜻을 참고하여 ○안에 공통으로 들어갈 한자를 쓰시오.

71. (1) ○月　　　(2) ○金　　　（　　　）

〈보기〉	(1) 한 해 열두 달 가운데 첫째 달. (2) 전부의 돈.

72. (1) ○門　　　(2) ○山　　　（　　　）

〈보기〉	(1) 이름 있는 문벌. 또는 훌륭한 집안. (2) 이름난 산.

73. (1) ○山　　　(2) ○水　　　（　　　）

〈보기〉	(1) 강과 산이라는 뜻으로, 자연의 경치를 이르는 말. (2) 강에 흐르는 물.

※ [　] 안의 단어를 한자로 쓰시오.

74. 왜곡된 역사는 올바르게 [**정립**]을 해야 한다.
　　　　　　　　　　　　　　　（　　　）

75. 그 두 사람은 우리 팀의 [**주력**]이다.
　　　　　　　　　　　　　　　（　　　）

※ [　] 안의 한자어를 한글로 쓰시오.

76. 그녀는 머리를 숙여 [恭遜]하게 선생님께 인사를 했다.　　　　　（　　　）

77. 누나는 꽃을 따서 꽃술과 꽃잎을 [分離]시켰다.　　　　　　（　　　）

78. 나는 세계를 [一周]하는 꿈을 가지고 있다.
　　　　　　　　　　　　　　　（　　　）

79. 직각 삼각형은 반드시 한 [角]이 구십 도가 되어야 한다.　　（　　　）

80. 기름종이로 녹지 않은 물질과 녹은 물질이 섞인 [混合物]을 분리해 보았다.
　　　　　　　　　　　　　　　（　　　）

- 수고하셨습니다 -

한자실력급수 자격시험 6급 연습문제 ⟨7⟩

객관식 (1~30번)

※ [   ] 안의 한자의 음(소리)으로 알맞은 것은?

1. [女] ① 남 ② 여 ③ 모 ④ 녀
2. [力] ① 력 ② 구 ③ 칠 ④ 팔
3. [木] ① 수 ② 목 ③ 화 ④ 인
4. [手] ① 손 ② 족 ③ 수 ④ 발
5. [王] ① 강 ② 공 ③ 삼 ④ 왕

※ [   ] 안의 한자와 음이 같은 한자는?

6. [白] ① 目 ② 百 ③ 小 ④ 立
7. [九] ① 川 ② 入 ③ 口 ④ 五
8. [文] ① 人 ② 八 ③ 向 ④ 門

※ [   ] 안의 한자와 뜻이 반대되거나 상대되는 한자는?

9. [西] ① 東 ② 出 ③ 兄 ④ 天
10. [下] ① 十 ② 上 ③ 四 ④ 土

※ ⟨보기⟩의 단어들과 가장 관련이 깊은 한자는?

11. | ⟨보기⟩ | 젓가락 | 양말 | 거울 |

  ① 弟 ② 心 ③ 六 ④ 同

12. | ⟨보기⟩ | 사내 | 지아비 | 남자 |

  ① 夫 ② 寸 ③ 北 ④ 自

13. | ⟨보기⟩ | 옥토끼 | 밤하늘 | 대보름 |

  ① 水 ② 七 ③ 月 ④ 金

※ [   ] 안에 설명에 맞는 한자어를 완성할 때, ○에 들어갈 한자는?

14. ○山 : [남쪽에 있는 산.]
  ① 方 ② 南 ③ 足 ④ 中

15. ○正 : [밤 열두 시.]
  ① 日 ② 石 ③ 出 ④ 子

※ [   ] 안의 한자어의 독음(소리)으로 알맞은 것은?

16. 사과를 [半]으로 나누어 동생에게 주었다.
  ① 합 ② 반 ③ 변 ④ 각
17. 헬리콥터는 먼지를 잔뜩 일으키며 [着陸]했다.
  ① 착석 ② 비행 ③ 착륙 ④ 이륙
18. 최근 [化學] 비료 대신 두엄을 이용하는 유기 농업에 대한 관심이 매우 높아졌다.
  ① 화학 ② 공업 ③ 문리 ④ 인공
19. 학교는 걸어서 5분 [距離]에 위치해 있다.
  ① 시간 ② 정도 ③ 이내 ④ 거리
20. [賞品]으로 받은 연필을 동생과 나누어 가졌다.
  ① 상품 ② 제품 ③ 물품 ④ 약품

※ [   ] 안의 한자어의 뜻으로 알맞은 것은?

21. [共通]
  ① 함께 씀. 또는 그런 물건.
  ② 둘 또는 그 이상의 여럿 사이에 두루 통하고 관계됨.
  ③ 자동차·기차·배·비행기 따위를 이용하여 사람이 오고 감.
  ④ 뜻이 서로 통하여 오해가 없음.

22. [周邊]
  ① 어떤 대상의 둘레.
  ② 마음에 새겨 두고 조심함.
  ③ 두루 돌아다니면서 구경하며 놂.
  ④ 강의 가장자리에 잇닿아 있는 땅.

23. [理由]
  ① 어떤 원인으로 결말이 생김. 또는 그런 결말의 상태.
  ② 일이 되어 가는 경로.
  ③ 위험이 생기거나 사고가 날 염려가 없음.
  ④ 어떠한 결론이나 결과에 이른 까닭이나 근거.

24. [利用]
  ① 이발과 미용을 통틀어 이르는 말.
  ② 대상을 필요에 따라 이롭게 씀.
  ③ 아름다운 얼굴.
  ④ 어떤 이론이나 이미 얻은 지식을 구체적인 개개의 사례나 다른 분야의 일에 적용함.

25. [區間]
　① 어느 때부터 다른 어느 때까지의 동안.
　② 성질이나 종류에 따라 차이가 남.
　③ 어떤 지점과 다른 지점과의 사이.
　④ 아무것도 없는 빈 곳.

※ [　] 안에 들어갈 한자어로 알맞은 것은?

26. 그 배우는 영화에서 늘 주인공 [　]을/를 맡는다.
　① 方法　② 役割　③ 種類　④ 觀察

27. 그는 연구 [　] 가운데 몇 가지를 추려 발표했다.
　① 和睦　② 孝道　③ 結果　④ 溫度

28. 그는 우체국에 모인 우편물들을 종별로 [　]하는 아르바이트를 하고 있다.
　① 分數　② 分類　③ 對話　④ 一周

29. 그는 책을 꺼내 [　]되지 않았던 부분을 차근차근 읽어 나갔다.
　① 理解　② 圖形　③ 物體　④ 分離

30. 상품을 보기 좋게 [　]해야 고객의 시선을 끌 수 있다.
　① 器具　② 儉素　③ 標語　④ 配列

주관식 (31~80번)

※ 다음 한자의 훈(뜻)과 음(소리)을 한글로 쓰시오.

31. 目　(　　　　　)
32. 五　(　　　　　)
33. 小　(　　　　　)
34. 人　(　　　　　)
35. 立　(　　　　　)
36. 八　(　　　　　)
37. 川　(　　　　　)
38. 向　(　　　　　)
39. 入　(　　　　　)
40. 夕　(　　　　　)

※ [　] 안의 뜻을 가진 한자를 〈보기〉에서 찾아 쓰시오.

〈보기〉　心 木 寸 力 王 弟 手 六 女 一

41. 그는 [여자]친구에게 빨간 장미를 선물했다.
　　　　　　　　　(　　　　　)

42. 아이는 엄마의 손에 손깍지를 끼고 꽉 [힘]을 주었다.
　　　　　　　　　(　　　　　)

43. 이 집은 창밖으로 보이는 [나무]들이 예쁘다.
　　　　　　　　　(　　　　　)

44. 그는 멀어져 가는 자동차를 바라보며 [손]을 내흔들었다.
　　　　　　　　　(　　　　　)

45. [임금]께서 그 백성의 정성을 가상히 여겨 큰 상을 내리셨다.
　　　　　　　　　(　　　　　)

46. 거기까지 가려면 산등성 [하나]를 넘어야 한다.
　　　　　　　　　(　　　　　)

47. 한 [마디] 말로 천 냥 빚을 갚는다.
　　　　　　　　　(　　　　　)

48. 우리 집 개가 새끼를 [여섯] 마리나 낳았다.
　　　　　　　　　(　　　　　)

49. [마음]을 곱게 써야 사람들과 좋은 관계를 유지할 수 있다.
　　　　　　　　　(　　　　　)

50. 어려운 형편에 장난감을 사 달라고 졸라 대는 내 [아우]는 철부지였다.
　　　　　　　　　(　　　　　)

※ 훈(뜻)과 음(소리)에 맞는 한자를 〈보기〉에서 찾아 쓰시오.

〈보기〉	外 三 主 少 江 青 二 千 工 男

51. 두   이   (   )

52. 바깥   외   (   )

53. 강   강   (   )

54. 사내   남   (   )

55. 주인   주   (   )

56. 일천   천   (   )

57. 적을   소   (   )

58. 장인   공   (   )

59. 푸를   청   (   )

60. 석   삼   (   )

※ 한자어의 독음(소리)을 한글로 쓰시오.

61. 北方   (   )

62. 出土   (   )

63. 自足   (   )

64. 兄弟   (   )

65. 水中   (   )

66. 天心   (   )

67. 七日   (   )

68. 十六   (   )

69. 金石   (   )

70. 四寸   (   )

※ 〈보기〉의 뜻을 참고하여 ○안에 공통으로 들어갈 한자를 쓰시오.

71. (1) ○木   (2) ○力   (   )

〈보기〉	(1) 땔감으로 쓸 나무. (2) 불이 탈 때에 내는 열의 힘.

72. (1) ○王   (2) ○女   (   )

〈보기〉	(1) 왕자나 공주가 자기의 아버지인 임금을 이르던 말. (2) 아버지와 딸을 아울러 이르는 말.

73. (1) ○工   (2) ○手   (   )

〈보기〉	(1) 기술이 뛰어난 장인. (2) 기능이나 기술 따위에서 소질과 솜씨가 뛰어난 사람.

※ [   ] 안의 단어를 한자로 쓰시오.

74. 자신의 [생모]를 얕잡아 보는 신하들의 말을 들은 임금은 화를 냈다.   (   )

75. 올해 초에 시작된 박물관의 증축 공사는 [연내]에 완공될 예정이다.   (   )

※ [   ] 안의 한자어를 한글로 쓰시오.

76. 인간은 창조적 능력으로 도구를 [發明]하고 생산력을 증진시켜 왔다.   (   )

77. 과학실에는 실린더, 비커, 깔때기 등이 [實驗] 도구로 준비되어 있다.   (   )

78. 나의 생각과 그의 생각은 [差異]가 많이 난다.   (   )

79. 쉬운 [問題]를 틀려서 예상했던 것보다 점수가 더 많이 깎였다.   (   )

80. 병원에서는 정해진 [時間]에만 중환자를 면회할 수 있다.   (   )

- 수고하셨습니다 -

한자실력급수 자격시험 6급 연습문제 〈8〉

객관식 (1~30번)

※ [   ] 안의 한자의 음(소리)으로 알맞은 것은?
1. [口] ① 십   ② 구   ③ 천   ④ 칠
2. [內] ① 내   ② 안   ③ 외   ④ 국
3. [母] ① 부   ② 자   ③ 녀   ④ 모
4. [木] ① 수   ② 목   ③ 화   ④ 토
5. [寸] ① 우   ② 수   ③ 촌   ④ 일

※ [   ] 안의 한자와 음이 같은 한자는?
6. [天] ① 四   ② 川   ③ 六   ④ 上
7. [夫] ① 白   ② 少   ③ 父   ④ 主
8. [同] ① 夕   ② 東   ③ 向   ④ 十

※ [   ] 안의 한자와 뜻이 반대되거나 상대되는 한자는?
9. [足] ① 手   ② 力   ③ 男   ④ 五
10. [兄] ① 目   ② 三   ③ 九   ④ 弟

※ 〈보기〉의 단어들과 가장 관련이 깊은 한자는?

11. | 〈보기〉 | 요일 | 무지개 | 일주일 |

① 女   ② 子   ③ 年   ④ 七

12. | 〈보기〉 | 바다 | 소나무 | 하늘 |

① 下   ② 千   ③ 靑   ④ 王

13. | 〈보기〉 | 광합성 | 아침 | 일출 |

① 日   ② 門   ③ 正   ④ 百

※ [   ] 안에 설명에 맞는 한자어를 완성할 때, ○에 들어갈 한자는?
14. ○文 : [뛰어나게 잘 지은 글.]
① 火   ② 名   ③ 中   ④ 心
15. 外○ : [집이나 근무지 따위에서 벗어나 잠시 밖으로 나감.]
① 金   ② 山   ③ 月   ④ 出

※ [   ] 안의 한자어의 독음(소리)으로 알맞은 것은?
16. 스포츠를 통해 두 나라의 [友愛]과/와 친선이 획기적으로 증진되었다.
① 소통   ② 우애   ③ 무역   ④ 통상
17. [分數]를 소수로 표현하려면 분자를 분모로 나누어야 한다.
① 분수   ② 실수   ③ 허수   ④ 정수
18. 자기의 생각을 효과적으로 [表現]하기 위해서는 알맞은 단어의 선택이 필요하다.
① 전수   ② 전달   ③ 표현   ④ 발표
19. 우리는 [對話]를 통해 해법을 찾았다.
① 전화   ② 통화   ③ 담화   ④ 대화
20. 형수가 우리집으로 시집온 뒤로 가족들끼리 더욱 [和睦]해 진 것 같다.
① 화사   ② 화합   ③ 화목   ④ 화음

※ [   ] 안의 한자어의 뜻으로 알맞은 것은?
21. [邊]
① 소수의 소수점을 이르는 말.
② 둥글게 그려진 모양이나 형태.
③ 다각형을 이루는 각 선분.
④ 한 점에서 갈리어 나간 두 직선의 벌어진 정도.
22. [器具]
① 바둑돌을 넣는 통.
② 미리 마련하여 갖춤.
③ 여러 가지 물건을 고루 갖춤. 또는 그런 모양새.
④ 세간, 도구, 기계 따위를 통틀어 이르는 말.
23. [垂直]
① 기울지 않고 평평한 상태.
② 똑바로 드리우는 상태.
③ 비스듬하게 비껴 그은 줄.
④ 모나지 아니하고 부드럽게 굽은 선.
24. [特徵]
① 다른 것에 비하여 특별히 눈에 뜨이는 점.
② 특별히 뛰어난 장점.
③ 물건을 거두어 모음.
④ 성질이나 종류에 따라 차이가 남. 또는 성질이나 종류에 따라 갈라놓음.

25. [溫度]
① 공기 가운데 수증기가 들어 있는 정도.
② 용액 따위의 진함과 묽음의 정도.
③ 따뜻함과 차가움의 정도.
④ 날씨가 따뜻함.

※ [　] 안에 들어갈 한자어로 알맞은 것은?

26. 가야 할지 말아야 할지가 [　]스럽다.
　　① 方法　② 活用　③ 觀察　④ 苦悶

27. 아무리 가열을 해도 이 [　]는 쉽게 용해되지 않는다.
　　① 物體　② 評價　③ 分離　④ 孝道

28. 사람은 [　]에 공기의 존재를 잊고 산다.
　　① 標語　② 平素　③ 種類　④ 儉素

29. 그는 윗사람에게 [　]하고 아랫사람에게 친절했다.
　　① 圖形　② 實踐　③ 恭遜　④ 實驗

30. 일기 쓰기는 자기[　]의 기회가 된다.
　　① 區間　② 安全　③ 賞品　④ 反省

주관식 (31~80번)

※ 다음 한자의 훈(뜻)과 음(소리)을 한글로 쓰시오.
31. 四　（　　　　　　　）
32. 主　（　　　　　　　）
33. 六　（　　　　　　　）
34. 夕　（　　　　　　　）
35. 上　（　　　　　　　）
36. 向　（　　　　　　　）
37. 白　（　　　　　　　）
38. 十　（　　　　　　　）
39. 少　（　　　　　　　）
40. 力　（　　　　　　　）

※ [　] 안의 뜻을 가진 한자를 〈보기〉에서 찾아 쓰시오.

〈보기〉	內 正 木 男 母 五 寸 目 口 土

41. 내 [입]에서 어석어석하는 과자 소리에 우리집 강아지가 나에게 다가왔다. （　　　　）

42. 방[안]의 공기가 탁하니 창문을 열어 환기를 시키는 게 좋겠다. （　　　　）

43. 그는 [어머니]를 극진히 모시는 효자다.
（　　　　）

44. 아버지는 정원에 [나무]를 몇 그루 심으셨다.
（　　　　）

45. 나는 그와 한두 [마디] 말만 했을 뿐 잘 아는 사이는 아니었다. （　　　　）

46. 좋은 도자기를 빚기 위해서는 먼저 [흙]을 고르는 수고의 손길이 있어야 한다.
（　　　　）

47. 이런 일을 겁낸다면 [사내]가 아니다.
（　　　　）

48. [다섯] 살 난 막내는 우리 집의 재롱둥이이다.
（　　　　）

49. 그는 양심이 [바른] 사람이라서 속임수 같은 건 모른다. （　　　　）

50. 신부는 [눈]이 부실 정도로 아름다웠다.
（　　　　）

26　　　　　　　　　　6급 연습문제 〈 8 〉

※ 훈(뜻)과 음(소리)에 맞는 한자를 〈보기〉에서 찾아 쓰시오.

〈보기〉	小 北 南 西 八 二 石 立 工 江

51. 서녘   서   (   )
52. 강   강   (   )
53. 돌   석   (   )
54. 작을   소   (   )
55. 두   이   (   )
56. 장인   공   (   )
57. 남녘   남   (   )
58. 여덟   팔   (   )
59. 설   립   (   )
60. 북녘   북   (   )

※ 한자어의 독음(소리)을 한글로 쓰시오.

61. 男子   (   )
62. 門中   (   )
63. 五年   (   )
64. 正心   (   )
65. 目下   (   )
66. 百金   (   )
67. 三千   (   )
68. 火山   (   )
69. 女王   (   )
70. 九月   (   )

※ 〈보기〉의 뜻을 참고하여 ○안에 공통으로 들어갈 한자를 쓰시오.

71. (1) ○工   (2) ○口   (   )

〈보기〉	(1) 사람의 힘으로 자연에 대하여 가공하거나 작용을 하는 일. (2) 일정한 지역에 사는 사람의 수.

72. (1) ○白   (2) ○立   (   )

〈보기〉	(1) 자기가 저지른 죄나 자기의 허물을 남들 앞에서 스스로 고백함. (2) 남에게 예속되거나 의지하지 아니하고 스스로 섬.

73. (1) 四○   (2) ○向   (   )

〈보기〉	(1) 동, 서, 남, 북 네 방위를 통틀어 이르는 말. (2) 어떤 뜻이나 현상이 일정한 목표를 향하여 나아가는 쪽.

※ [   ] 안의 단어를 한자로 쓰시오.

74. 그는 [일생]에 한 번 있을까 말까 하는 기회를 놓쳤다.   (   )

75. 다이빙할 때 [입수]가 완벽해야 높은 점수를 받는다.   (   )

※ [   ] 안의 한자어를 한글로 쓰시오.

76. 학생들은 돌아가면서 자신이 지은 시를 [朗誦] 하였다.   (   )

77. 경기가 역전에 역전을 거듭하면서 양 팀의 응원전도 더욱 [加熱]되었다.   (   )

78. 오늘 역사 시간에 배운 내용을 알기 쉽게 [表]로 정리하였다.   (   )

79. 새 학기가 되자 선생님께서는 학생들을 키 [順序] 대로 자리에 앉히셨다.   (   )

80. 누구나 한 번쯤은 세계 [一周] 여행을 꿈꾼다.   (   )

- 수고하셨습니다 -

한자실력급수 자격시험 6급 연습문제 〈9〉

객관식 (1~30번)

※ [　] 안의 한자의 음(소리)으로 알맞은 것은?

1. [力]　① 칠　② 구　③ 도　④ 력
2. [四]　① 사　② 서　③ 오　④ 천
3. [中]　① 소　② 십　③ 중　④ 공
4. [人]　① 팔　② 인　③ 입　④ 륙
5. [立]　① 토　② 왕　③ 오　④ 립

※ [　] 안의 한자와 음이 같은 한자는?

6. [子]　① 主　② 自　③ 六　④ 火
7. [一]　① 江　② 十　③ 日　④ 工
8. [小]　① 少　② 下　③ 西　④ 石

※ [　] 안의 한자와 뜻이 반대되거나 상대되는 한자는?

9. [北]　① 川　② 月　③ 同　④ 南
10. [母]　① 父　② 向　③ 生　④ 東

※ 〈보기〉의 단어들과 가장 관련이 깊은 한자는?

11.
〈보기〉	방안	내복	실내

　　① 出　② 門　③ 內　④ 上

12.
〈보기〉	눈사람	백지	백설기

　　① 水　② 山　③ 名　④ 白

13.
〈보기〉	걸음	양말	운동화

　　① 七　② 足　③ 九　④ 入

※ [　] 안에 설명에 맞는 한자어를 완성할 때, ○에 들어갈 한자는?

14. ○年 : [신체적·정신적으로 한창 성장하거나 무르익은 시기에 있는 사람.]
　　① 靑　② 五　③ 目　④ 夕
15. 兄○ : [언니의 남편을 이르거나 부르는 말.]
　　① 千　② 金　③ 夫　④ 百

※ [　] 안의 한자어의 독음(소리)으로 알맞은 것은?

16. 물놀이를 할 때는 [安全] 수칙을 반드시 지켜야 합니다.
　　① 건강　② 생활　③ 경기　④ 안전
17. 자연보호에 관한 [標語]를 지어봅시다.
　　① 표어　② 가사　③ 표지　④ 발표
18. 선생님께서는 부지런하고 [儉素]한 생활을 강조하신다.
　　① 행복　② 검소　③ 근면　④ 성실
19. 아프거나 다치지 않는 것이 [孝道]의 시작이다.
　　① 보호　② 건강　③ 효도　④ 봉양
20. 내 팔에 커다란 [點]이 하나 있다.
　　① 식　② 선　③ 각　④ 점

※ [　] 안의 한자어의 뜻으로 알맞은 것은?

21. [無關心]
① 음흉하고 부정한 욕심이 많은 마음.
② 관심이나 흥미가 없음.
③ 변하거나 흔들리지 아니하는 굳건한 마음.
④ 스스로 힘이 없음을 알았을 때 드는 허탈하고 맥 빠진 듯한 느낌.

22. [評價]
① 사물의 가치나 수준 따위를 평함.
② 마음속에서 일어나는 느낌이나 생각.
③ 여러 사물의 질이나 양 따위를 통일적으로 고르게 한 것.
④ 싸지도 않고 비싸지도 않은 보통의 값.

23. [計算]
① 지난 일을 돌이켜 생각함. 또는 그런 생각.
② 어떤 일이 일어나기 전에 미리 앎.
③ 갈라져 흩어짐. 또는 그렇게 되게 함.
④ 수를 헤아림. 어떤 일을 예상하거나 고려함.

24. [混合物]
① 물 위나 물속, 또는 공기 중에 떠다니는 물질.
② 여러 가지가 뒤섞여서 이루어진 물건.
③ 등사기, 인쇄기, 프린터 따위를 이용하여 만든 인쇄물.
④ 불에 잘 탈 수 있는 물질이나 물건.

25. [式]
① 국가의 강제력을 수반하는 사회 규범.
② 한 점에서 갈리어 나간 두 직선의 벌어진 정도.
③ 숫자, 문자, 기호를 써서 이들 사이의 수학적 관계를 나타낸 것.
④ 어떤 내용을 일정한 형식과 순서에 따라 보기 쉽게 나타낸 것.

※ [ ] 안에 들어갈 한자어로 알맞은 것은?

26. 방학기간 중 나비의 성장 과정을 [　]하였다.
① 特徵　② 觀察　③ 時間　④ 反省

27. 생물은 크게 동물과 식물, 두 [　]로 나뉜다.
① 一周　② 器具　③ 種類　④ 友愛

28. 버리는 물건을 [　]하여 인형을 만들어 봅시다.
① 朗誦　② 活用　③ 加熱　④ 苦悶

29. 내가 열 편의 시를 연달아 [　]하니 모두들 놀랐다.
① 暗誦　② 賞品　③ 着陸　④ 共通

30. 이 [　]의 각도를 재어 보자.
① 和睦　② 發明　③ 利用　④ 圖形

주관식 (31~80번)

※ 다음 한자의 훈(뜻)과 음(소리)을 한글로 쓰시오.

31. 主　(　　　　　)
32. 工　(　　　　　)
33. 六　(　　　　　)
34. 下　(　　　　　)
35. 火　(　　　　　)
36. 西　(　　　　　)
37. 江　(　　　　　)
38. 石　(　　　　　)
39. 十　(　　　　　)
40. 川　(　　　　　)

※ [ ] 안의 뜻을 가진 한자를 <보기>에서 찾아 쓰시오.

<보기>　中 立 七 人 同 八 生 月 力 四

41. 그런 함성은 선수들의 사기를 올리고 [힘]을 내게 만든다.　(　　　)

42. 횡단보도에서 신호를 기다리며 [서] 있었다.　(　　　)

43. 여덟은 둘로 나뉘면 [넷]이 된다.　(　　　)

44. 선사 시대에 [사람]들은 찍개라는 연장을 만들어 사용하였다.　(　　　)

45. 거실의 한[가운데]에 응접상이 놓여 있다.　(　　　)

46. 이곳에서는 이번 달에도 [여덟] 편의 화제작을 상영한다.　(　　　)

47. 지구에서는 [달]의 반대편 암흑면을 볼 수 없다.　(　　　)

48. 나는 그와 [같은] 동네에 산다.　(　　　)

49. 서울역에 도착하니 [일곱] 시였다.　(　　　)

50. 어머니는 어미소가 암놈을 [낳았다]고 좋아하셨다.　(　　　)

※ 훈(뜻)과 음(소리)에 맞는 한자를 〈보기〉에서 찾아 쓰시오.

〈보기〉	心 弟 土 三 王 寸 男 口 二 外

51. 마디 촌 (   )

52. 바깥 외 (   )

53. 흙 토 (   )

54. 입 구 (   )

55. 마음 심 (   )

56. 임금 왕 (   )

57. 두 이 (   )

58. 사내 남 (   )

59. 아우 제 (   )

60. 석 삼 (   )

※ 한자어의 독음(소리)을 한글로 쓰시오.

61. 月出 (   )

62. 名目 (   )

63. 同門 (   )

64. 七夕 (   )

65. 向上 (   )

66. 九千 (   )

67. 生水 (   )

68. 入金 (   )

69. 東山 (   )

70. 五百 (   )

※ 〈보기〉의 뜻을 참고하여 ○안에 공통으로 들어갈 한자를 쓰시오.

71. (1) ○石   (2) 火○   (   )

〈보기〉	(1) 나무와 돌을 아울러 이르는 말. (2) 땔감으로 쓸 나무.

72. (1) ○工   (2) ○下   (   )

〈보기〉	(1) 손으로 하는 비교적 간단한 공예. (2) 직책상 자기보다 더 낮은 자리에 있는 사람.

73. (1) 王○   (2) ○人   (   )

〈보기〉	(1) 왕의 딸. (2) 어른이 된 여자.

※ [   ] 안의 단어를 한자로 쓰시오.

74. 위 학생은 품행이 [방정]하고 학업 성적이 뛰어나 이에 상장을 수여합니다.
(   )

75. 그 사람은 [천문]과 지리에 관해서는 모든 것을 통달했다.
(   )

※ [   ] 안의 한자어를 한글로 쓰시오.

76. 우는 아기를 달래는 가장 손쉬운 [方法]은 안아 주는 것이다.
(   )

77. 고모는 [最善]의 노력을 했지만 결국 체중 조절에 실패하였다.
(   )

78. 재활용품 [分離]배출 요령을 배웠다.
(   )

79. 그는 [實踐]하지는 않고 번드레하게 말만 잘한다.
(   )

80. 이 두 선분으로 이루어진 [角]은 몇 도일까?
(   )

- 수고하셨습니다 -

한자실력급수 자격시험 6급 연습문제 <10>

객관식 (1~30번)

※ [ ] 안의 한자의 음(소리)으로 알맞은 것은?
1. [立] ① 왕 ② 토 ③ 립 ④ 출
2. [門] ① 대 ② 왕 ③ 백 ④ 문
3. [月] ① 명 ② 월 ③ 일 ④ 석
4. [人] ① 인 ② 팔 ③ 입 ④ 구
5. [天] ① 부 ② 대 ③ 천 ④ 팔

※ [ ] 안의 한자와 음이 같은 한자는?
6. [夕] ① 文 ② 夫 ③ 金 ④ 石
7. [南] ① 男 ② 王 ③ 主 ④ 九
8. [手] ① 小 ② 水 ③ 口 ④ 目

※ [ ] 안의 한자와 뜻이 반대되거나 상대되는 한자는?
9. [內] ① 父 ② 生 ③ 外 ④ 下
10. [入] ① 三 ② 八 ③ 四 ④ 出

※ <보기>의 단어들과 가장 관련이 깊은 한자는?
11. <보기> 헤엄 물장난 송사리
    ① 母 ② 山 ③ 日 ④ 川
12. <보기> 운동장 논밭 땅
    ① 土 ② 十 ③ 寸 ④ 江
13. <보기> 화살표 나침반 동서남북
    ① 弟 ② 向 ③ 六 ④ 上

※ [ ] 안에 설명에 맞는 한자어를 완성할 때, ○에 들어갈 한자는?
14. 木○ : [나무를 다루어 집을 짓거나 가구, 기구 따위를 만드는 일을 직업으로 하는 사람.]
    ① 五 ② 東 ③ 工 ④ 子
15. ○女 : [아직 완전히 성숙하지 아니한 어린 여자아이.]
    ① 年 ② 同 ③ 千 ④ 少

※ [ ] 안의 한자어의 독음(소리)으로 알맞은 것은?
16. 막힌 하수구를 뚫을 때 [化學] 약품을 쓰는 일은 환경 보호의 측면에서 자제해야 한다.
    ① 화공 ② 화학 ③ 화장 ④ 화약
17. 두 그림 사이의 [共通]점을 찾아 봅시다.
    ① 공용 ② 공감 ③ 공통 ④ 공간
18. 우리 학교의 전교생을 모두 [合]하면 몇 명일까?
    ① 식 ② 점 ③ 더 ④ 합
19. 아무 [理由] 없이 자꾸만 웃음이 나왔습니다.
    ① 이유 ② 원인 ③ 조건 ④ 결과
20. 씨름 대회에 황소가 [賞品]으로 걸렸다.
    ① 대상 ② 상품 ③ 상장 ④ 경품

※ [ ] 안의 한자어의 뜻으로 알맞은 것은?
21. [差異]
    ① 어떤 것과 비교하여 똑같음.
    ② 서로 비슷함.
    ③ 겉으로는 비슷하나 속은 완전히 다름.
    ④ 서로 같지 아니하고 다름. 또는 그런 정도나 상태.
22. [時間]
    ① 어떤 시각에서 어떤 시각까지의 사이.
    ② 영역이나 세계를 이르는 말.
    ③ 무한한 시간과 만물을 포함하고 있는 끝없는 공간의 총체.
    ④ 기체와 액체를 아울러 이르는 말.
23. [實驗]
    ① 자기가 몸소 겪음.
    ② 위험을 무릅쓰고 어떠한 일을 함.
    ③ 과학에서, 이론이나 현상을 관찰하고 측정함.
    ④ 실제로 경험하지 않은 현상이나 사물에 대하여 마음속으로 그려 봄.
24. [結果]
    ① 돈이나 물건 따위를 거두어들임.
    ② 어떤 원인으로 결말이 생김. 또는 그런 결말의 상태.
    ③ 들에서 자라나는 나물.
    ④ 나무나 풀의 원줄기에서 뻗어 나온 줄기.

25. [差]
　① 둘 이상의 수나 식을 더함.
　② 몇 개의 수나 식 따위를 나누어 계산함.
　③ 일의 자리보다 작은 자리의 값을 가진 수.
　④ 어떤 수나 식에서 다른 수나 식을 뺀 나머지.

※ [　] 안에 들어갈 한자어로 알맞은 것은?

26. 그는 지렛대를 [　]하여 큰 바위를 들어올렸다.
　① 觀察　② 利用　③ 暗誦　④ 方法

27. 이번 시험에선 한 [　] 틀리면 5점이 감점된다.
　① 標語　② 儉素　③ 問題　④ 孝道

28. 비행기 조종사는 관제탑에 [　]한다는 교신을 보냈다.
　① 着陸　② 實踐　③ 恭遜　④ 表現

29. 사랑한다는 것은 남을 [　]한다는 것이다.
　① 標語　② 器具　③ 順序　④ 理解

30. 나는 집에 있는 책들을 내용별로 [　]하여 정리하였다.
　① 分類　② 垂直　③ 對話　④ 平素

주관식 (31~80번)

※ 다음 한자의 훈(뜻)과 음(소리)을 한글로 쓰시오.

31. 文　(　　　　　　　　)
32. 九　(　　　　　　　　)
33. 夫　(　　　　　　　　)
34. 小　(　　　　　　　　)
35. 金　(　　　　　　　　)
36. 口　(　　　　　　　　)
37. 王　(　　　　　　　　)
38. 目　(　　　　　　　　)
39. 主　(　　　　　　　　)
40. 父　(　　　　　　　　)

※ [　] 안의 뜻을 가진 한자를 〈보기〉에서 찾아 쓰시오.

〈보기〉	人 日 天 門 母 一 月 年 立 同

41. 송아지는 태어나면서부터 뒤뚱거리기는 하지만 네 다리로 [선다].　(　　　　　)

42. 유리로 된 현관[문]은 안으로 굳게 잠겨 있었다.
　(　　　　　)

43. [달]이 둥글면 이지러지고 그릇이 차면 넘친다.
　(　　　　　)

44. 부모는 제 자식이 [사람]답게 자라기만을 바란다.　(　　　　　)

45. [하나]를 듣고 열을 안다. (　　　　　)

46. [하늘] 높은 줄만 알고 땅 넓은 줄은 모른다.
　(　　　　　)

47. 나는 형과 키가 똑[같다]. (　　　　　)

48. 우리는 새[해] 첫날 부모님께 세배를 올렸다.
　(　　　　　)

49. 밝은 [해]는 산에 기대어 저물고 황하의 물은 바다로 흘러 들어가네.　(　　　　　)

50. 그녀는 [어머니]로부터 예술적 재능을 이어받았다.　(　　　　　)

※ 훈(뜻)과 음(소리)에 맞는 한자를 〈보기〉에서 찾아 쓰시오.

〈보기〉	七 足 火 西 心 北 靑 白 兄 二

51. 흰 백 (　　　)
52. 두 이 (　　　)
53. 불 화 (　　　)
54. 일곱 칠 (　　　)
55. 북녘 북 (　　　)
56. 맏 형 (　　　)
57. 마음 심 (　　　)
58. 푸를 청 (　　　)
59. 서녘 서 (　　　)
60. 발 족 (　　　)

※ 한자어의 독음(소리)을 한글로 쓰시오.

61. 生母 (　　　)
62. 江東 (　　　)
63. 下山 (　　　)
64. 弟子 (　　　)
65. 三日 (　　　)
66. 六年 (　　　)
67. 八十 (　　　)
68. 上同 (　　　)
69. 四寸 (　　　)
70. 五千 (　　　)

※ 〈보기〉의 뜻을 참고하여 ○안에 공통으로 들어갈 한자를 쓰시오.

71. (1) ○門　　(2) ○人　　(　　　)

〈보기〉	(1) 이름난 좋은 학교. (2) 어떤 분야에서 기예가 뛰어나 유명한 사람.

72. (1) ○立　　(2) ○月　　(　　　)

〈보기〉	(1) 바로 섬. 또는 바로 세움. (2) 음력으로 한 해의 첫째 달.

73. (1) ○天　　(2) 心○　　(　　　)

〈보기〉	(1) 하늘의 한가운데. (2) 마음의 속.

※ [　] 안의 단어를 한자로 쓰시오.

74. 우리나라도 [자력]으로 만든 위성을 쏘아 올림으로써 위성 통신과 위성 방송 시대를 열게 되었다. (　　　)

75. 치료 약을 구하려고 [백방]으로 알아보고 있다. (　　　)

※ [　] 안의 한자어를 한글로 쓰시오.

76. 조선의 장영실은 세계 최초의 우량계인 측우기를 [發明]하였다. (　　　)

77. 현재 고속 도로 전 [區間]이 귀성길 차량이 몰려 거북이운행 중입니다. (　　　)

78. 기후는 위도, 고도, 지형, 바다와의 [距離], 해류 등의 요소에 따라 결정된다.
(　　　)

79. 이 기둥들은 건물의 몸통을 이루며 지붕을 떠받치는 [役割]을 하고 있다.
(　　　)

80. 작품명을 가나다순으로 [配列]했다.
(　　　)

- 수고하셨습니다 -

한자실력급수 자격시험 **6**급 연습문제 〈11〉

객관식 (1~30번)

※ [   ] 안의 한자의 음(소리)으로 알맞은 것은?

1. [口] ① 입   ② 공   ③ 십   ④ 구
2. [水] ① 목   ② 화   ③ 수   ④ 월
3. [人] ① 인   ② 팔   ③ 대   ④ 입
4. [日] ① 해   ② 일   ③ 달   ④ 낮
5. [子] ① 녀   ② 제   ③ 모   ④ 자

※ [   ] 안의 한자와 음이 같은 한자는?

6. [同] ① 二   ② 東   ③ 土   ④ 八
7. [木] ① 目   ② 七   ③ 夕   ④ 六
8. [文] ① 父   ② 正   ③ 門   ④ 靑

※ [   ] 안의 한자와 뜻이 반대되거나 상대되는 한자는?

9. [內] ① 月   ② 口   ③ 人   ④ 外
10. [足] ① 百   ② 向   ③ 手   ④ 工

※ 〈보기〉의 단어들과 가장 관련이 깊은 한자는?

11. | 〈보기〉 | 난로 | 소방차 | 119 |

   ① 十   ② 一   ③ 名   ④ 火

12. | 〈보기〉 | 손가락 | 오선지 | 발가락 |

   ① 五   ② 上   ③ 夫   ④ 九

13. | 〈보기〉 | 북풍 | N극 | 북극성 |

   ① 金   ② 母   ③ 北   ④ 小

※ [   ] 안에 설명에 맞는 한자어를 완성할 때, ○에 들어갈 한자는?

14. 山○ : [산의 속.]
   ① 三   ② 中   ③ 自   ④ 王
15. 生○ : [태어난 해.]
   ① 女   ② 心   ③ 寸   ④ 年

※ [   ] 안의 한자어의 독음(소리)으로 알맞은 것은?

16. [平素]에 책을 늘 가까이하는 사람은 상식이 풍부하고 문장력도 뛰어나다.
   ① 평일   ② 평소   ③ 평면   ④ 평균
17. 문제를 푸는 데는 한 가지 [方法]만 있는 것은 아니다.
   ① 기술   ② 도구   ③ 방법   ④ 발표
18. 물은 0℃ 이하로 [溫度]가 내려가면 고체화 한다.
   ① 온도   ② 습도   ③ 정도   ④ 증기
19. 시인은 여러 가지 비유법을 구사하여 시의 언어적 [表現]을/를 아름답게 한다.
   ① 표식   ② 표지   ③ 평면   ④ 표현
20. 부모님께 [孝道]해야 하는데 마음먹은 대로 잘되지 않는다.
   ① 효도   ② 공경   ③ 겸손   ④ 정성

※ [   ] 안의 한자어의 뜻으로 알맞은 것은?

21. [表]
   ① 계산의 법칙 따위를 문자와 기호로 나타낸 식.
   ② 어떤 내용을 일정한 형식과 순서에 따라 보기 쉽게 나타낸 것.
   ③ 그어 놓은 금이나 줄.
   ④ 면이 이차원의 공간을 차지하는 넓이의 크기.
22. [順序]
   ① 무슨 일을 행하거나 무슨 일이 이루어지는 차례.
   ② 순순히 따름.
   ③ 물질 따위가 순수하지 아니함.
   ④ 명절날, 조상 생일 등의 낮에 지내는 제사.
23. [圖形]
   ① 실물을 보지 않고 추측과 생각으로 그린 그림.
   ② 안내하는 내용을 그린 그림.
   ③ 사람이나 동물 모양으로 만든 장난감.
   ④ 점, 선, 면, 체 또는 그것들의 집합을 통틀어 이르는 말.
24. [暗誦]
   ① 검사가 법원에 심판을 요구하는 일.
   ② 글을 보지 아니하고 입으로 욈.
   ③ 자기만 알 수 있도록 넌지시 눈으로 표함.
   ④ 작품 따위를 세상에 널리 드러내어 알림.

25. [實踐]
① 생각한 바를 실제로 행함.
② 현장에 가서 직접 보고 조사함.
③ 조심하지 아니하여 잘못함. 또는 그런 행위.
④ 참과 거짓을 아울러 이르는 말.

※ [ ] 안에 들어갈 한자어로 알맞은 것은?

26. 나는 조용히 눈을 감고 오늘 하루의 생활을 [ ] 해 본다.
　　① 朗誦　② 反省　③ 最善　④ 對話

27. 그들 형제 사이에는 서로 [ ]하는 마음이 넘친다.
　　① 分離　② 苦悶　③ 分類　④ 友愛

28. 그는 [ ]한 편이라 사치벽이 심한 사람을 싫어한다.
　　① 理解　② 儉素　③ 問題　④ 差異

29. 아군의 레이더에 미확인 비행 [ ]가 감지되었다.
　　① 物體　② 理由　③ 評價　④ 器具

30. 어른께 예사말을 쓰는 것은 [ ]하지 못한 행동이다.
　　① 垂直　② 特徵　③ 加熱　④ 恭遜

주관식 (31~80번)

※ 다음 한자의 훈(뜻)과 음(소리)을 한글로 쓰시오.

31. 二　(　　　　　)
32. 六　(　　　　　)
33. 土　(　　　　　)
34. 父　(　　　　　)
35. 八　(　　　　　)
36. 正　(　　　　　)
37. 七　(　　　　　)
38. 靑　(　　　　　)
39. 夕　(　　　　　)
40. 月　(　　　　　)

※ [ ] 안의 뜻을 가진 한자를 〈보기〉에서 찾아 쓰시오.

<보기>　日 上 人 口 兄 夫 母 子 心 水

41. 동생은 사탕을 [입]에 물고 좋아했다.
　　　　　　　　(　　　　　)

42. 아이는 아랫몸을 [물]에 담근 채 욕조에서 잠이 들었다.　(　　　　　)

43. 그 됨됨이나 하는 일이 [사람]의 도리에 어그러짐이 없었다.　(　　　　　)

44. 오늘은 [해]가 너무 뜨거워서 종일 실내에만 있었다.　(　　　　　)

45. 막내 [아들]은 어머니의 병간을 도맡아서 했다.　(　　　　　)

46. 어머니는 동생을 등에 업고 [형]을 걸리며 피란 길을 떠났다.　(　　　　　)

47. [어머니]께서 직접 만드신 스웨터에는 정성이 깃들어 있다.　(　　　　　)

48. 그녀는 언덕 [위]에 올라 마을을 내려다보았다.　(　　　　　)

49. 아버지는 어머니를 사랑하는 [마음]이 지극하시다.　(　　　　　)

50. 한 [사나이]가 의자 위에 앉아 있었다.　(　　　　　)

※ 훈(뜻)과 음(소리)에 맞는 한자를 〈보기〉에서 찾아 쓰시오.

〈보기〉	石 南 川 西 男 四 方 少 江 千

51. 서녘   서   (   )

52. 일천   천   (   )

53. 모   방   (   )

54. 남녘   남   (   )

55. 강   강   (   )

56. 넉   사   (   )

57. 돌   석   (   )

58. 적을   소   (   )

59. 사내   남   (   )

60. 내   천   (   )

※ 한자어의 독음(소리)을 한글로 쓰시오.

61. 百名   (   )

62. 母女   (   )

63. 向上   (   )

64. 小心   (   )

65. 工夫   (   )

66. 三寸   (   )

67. 十九   (   )

68. 自主   (   )

69. 一金   (   )

70. 王立   (   )

※ 〈보기〉의 뜻을 참고하여 ○안에 공통으로 들어갈 한자를 쓰시오.

71. (1) ○日   (2) ○人   (   )

〈보기〉	(1) 환히 밝은 낮. (2) 날 때부터 살과 털빛이 아주 하얀 사람.

72. (1) ○水   (2) ○口   (   )

〈보기〉	(1) 물에 들어감. (2) 들어가는 통로.

73. (1) 子○   (2) 兄○   (   )

〈보기〉	(1) 남을 높여 그의 아들을 이르는 말. (2) 형과 아우를 아울러 이르는 말.

※ [   ] 안의 단어를 한자로 쓰시오.

74. [출력]이 안 되는 걸 보니 인쇄용지가 다 떨어졌나 보다.   (   )

75. 이 활은 [천하]의 명궁이다.
                              (   )

※ [   ] 안의 한자어를 한글로 쓰시오.

76. [標語]는 간단명료해야 한다.
                              (   )

77. 컴퓨터가 가진 기능을 충분히 [活用]하기 위해서는 미리 교육을 받을 필요가 있다.
                              (   )

78. 그 가게는 다양한 [種類]의 어린이옷을 갖추고 있어 사람들이 항상 북적거린다.
                              (   )

79. 그는 누가 보기에도 믿음성스러워 [周邊]의 신망이 두텁다.   (   )

80. 그는 치밀한 [計算] 아래 계획을 세웠다.
                              (   )

- 수고하셨습니다 -

한자실력급수 자격시험 6급 연습문제 〈12〉

객관식 (1~30번)

※ [   ] 안의 한자의 음(소리)으로 알맞은 것은?
1. [四]   ① 십   ② 구   ③ 삼   ④ 사
2. [生]   ① 생   ② 일   ③ 출   ④ 토
3. [石]   ① 우   ② 석   ③ 구   ④ 돌
4. [手]   ① 손   ② 발   ③ 수   ④ 족
5. [小]   ① 오   ② 천   ③ 삼   ④ 소

※ [   ] 안의 한자와 음이 같은 한자는?
6. [川]   ① 四   ② 千   ③ 生   ④ 小
7. [夫]   ① 少   ② 力   ③ 父   ④ 上
8. [九]   ① 石   ② 口   ③ 手   ④ 年

※ [   ] 안의 한자와 뜻이 반대되거나 상대되는 한자는?
9. [西]   ① 東   ② 土   ③ 母   ④ 江
10. [弟]   ① 八   ② 出   ③ 木   ④ 兄

※ 〈보기〉의 단어들과 가장 관련이 깊은 한자는?
11. 〈보기〉 세종   궁궐   황제
    ① 中   ② 女   ③ 王   ④ 水
12. 〈보기〉 아버지   오빠   삼촌
    ① 方   ② 入   ③ 中   ④ 男
13. 〈보기〉 주체   집주인   주장
    ① 少   ② 主   ③ 六   ④ 火

※ [   ] 안에 설명에 맞는 한자어를 완성할 때, ○에 들어갈 한자는?
14. ○下 : [남쪽으로 내려감.]
    ① 正   ② 心   ③ 年   ④ 南
15. 外○ : [마음의 움직임이 적극적으로 밖으로 나타남.]
    ① 向   ② 十   ③ 力   ④ 月

※ [   ] 안의 한자어의 독음(소리)으로 알맞은 것은?
16. 어머니는 주방에서 혼자 조리 [器具]를 정리하고 있었다.
    ① 기구   ② 도구   ③ 재료   ④ 자료
17. 다음 계산의 결과를 [分數]로 표시하시오.
    ① 분수   ② 소수   ③ 정수   ④ 분리
18. 그 새는 공중을 향해 [垂直] 비행으로 날아오르기 시작하였다.
    ① 직선   ② 사선   ③ 수평   ④ 수직
19. 정삼각형은 [邊]의 길이가 모두 같다.
    ① 각   ② 변   ③ 식   ④ 삼
20. 한국 사람은 몽고 인종의 [特徵]을 지니고 있다.
    ① 모양   ② 모습   ③ 특징   ④ 특별

※ [   ] 안의 한자어의 뜻으로 알맞은 것은?
21. [一周]
    ① 스스로 편안하고 온전함.
    ② 자기 마음대로 결정하여 처리함.
    ③ 어떤 지역의 가장자리가 되는 곳.
    ④ 일정한 경로를 한 바퀴 돎.
22. [加熱]
    ① 기체가 냉각·압축되어 액체로 변하는 현상.
    ② 어떤 현상이 더 높은 상태로 발전하는 일.
    ③ 어떤 물질에 열을 가함.
    ④ 식어서 차게 됨. 또는 식혀서 차게 함.
23. [分離]
    ① 서로 나뉘어 떨어짐. 또는 그렇게 되게 함.
    ② 여러 부품을 하나의 구조물로 짜 맞춤.
    ③ 물질이 액체 속에서 균일하게 녹아 용액이 만들어지는 일.
    ④ 사람들이 한곳으로 모임.
24. [對話]
    ① 굽히거나 지지 않으려고 맞서서 버티거나 항거함.
    ② 마주 대하여 이야기를 주고받음. 또는 그 이야기.
    ③ 양자가 맞서서 우열이나 승패를 가림.
    ④ 때나 기회를 기다림.

25. [最善]
① 가장 나쁨.
② 어떠한 것보다 앞서가거나 앞에 있음.
③ 마음에 거짓이나 꾸밈이 없이 바르고 곧음.
④ 가장 좋고 훌륭함. 또는 그런 일.

※ [ ] 안에 들어갈 한자어로 알맞은 것은?

26. 그 시인은 시 [ ]에도 특별한 재능이 있다.
① 圖形 ② 朗誦 ③ 着陸 ④ 區間

27. 겉모습만으로 사람을 [ ]하는 것은 옳지 않다.
① 評價 ② 安全 ③ 孝道 ④ 種類

28. 선생님은 학생이 가지고 있는 [ ]거리를 확실하게 풀어 주었다.
① 方法 ② 分類 ③ 苦悶 ④ 計算

29. 아버지께서는 가정이 [ ]해야 모든 일이 잘된다고 하셨다.
① 利用 ② 實驗 ③ 活用 ④ 和睦

30. 우리는 과학 시간에 설탕의 결정체를 [ ]하였다.
① 標語 ② 共通 ③ 觀察 ④ 時間

주관식 (31~80번)

※ 다음 한자의 훈(뜻)과 음(소리)을 한글로 쓰시오.
31. 目 ( )
32. 內 ( )
33. 夕 ( )
34. 北 ( )
35. 二 ( )
36. 三 ( )
37. 立 ( )
38. 足 ( )
39. 同 ( )
40. 靑 ( )

※ [ ] 안의 뜻을 가진 한자를 〈보기〉에서 찾아 쓰시오.

〈보기〉 手 生 力 上 中 小 少 石 年 四

41. [넷]에 다섯을 더하면 아홉이다.
( )

42. 수레 [위]에 있던 감자가 와르르 쏟아졌다.
( )

43. 무너진 건물 더미 속에 한 사람이 [살아] 있었다. ( )

44. 아이들은 딱딱한 바닥에 [돌]을 갈아 모가 난 부분을 둥글게 만들었다. ( )

45. 그 철문에 붙어 있는 [작은] 쪽문은 언제나 열려 있었다. ( )

46. 저 선수는 [손] 기술이 뛰어나다.
( )

47. 그는 [어려서]부터 글짓기를 좋아했다.
( )

48. 이번 [해]에는 반드시 소원을 이루길 빕니다.
( )

49. 나는 어려움이 있을 때마다 마음속으로 '[힘]을 내자'는 말을 되뇐다. ( )

50. 다른 사람들의 의견을 묻고 듣는 [가운데] 좋은 해결책이 떠오를 거야. ( )

※ 훈(뜻)과 음(소리)에 맞는 한자를 〈보기〉에서 찾아 쓰시오.

〈보기〉	金 文 百 山 寸 工 自 七 五 日

51. 메　　　산　　（　　　）

52. 쇠　　　금　　（　　　）

53. 스스로　자　　（　　　）

54. 날　　　일　　（　　　）

55. 일백　　백　　（　　　）

56. 장인　　공　　（　　　）

57. 다섯　　오　　（　　　）

58. 일곱　　칠　　（　　　）

59. 글월　　문　　（　　　）

60. 마디　　촌　　（　　　）

※ 한자어의 독음(소리)을 한글로 쓰시오.

61. 中心　（　　　）
62. 土木　（　　　）
63. 少年　（　　　）
64. 母女　（　　　）
65. 六十　（　　　）
66. 江水　（　　　）
67. 火力　（　　　）
68. 八方　（　　　）
69. 正月　（　　　）
70. 出入　（　　　）

※ 〈보기〉의 뜻을 참고하여 ○안에 공통으로 들어갈 한자를 쓰시오.

71. (1) ○石　　(2) ○手　　（　　　）

〈보기〉	(1) 흰 돌. (2) 아무것도 갖고 있지 않은 손.

72. (1) 女○　　(2) 王○　　（　　　）

〈보기〉	(1) 여성으로 태어난 사람. (2) 임금의 아들.

73. (1) ○上　　(2) ○生　　（　　　）

〈보기〉	(1) 하늘의 위. (2) 하늘로부터 타고남.

※ [　] 안의 단어를 한자로 쓰시오.

74. 조선 시대 [문인]에게 있어서 서화는 빼놓을 수 없는 부분이었다.　（　　　）

75. 불국사 삼층 석탑은 [일명] 무영탑이라고도 한다.　（　　　）

※ [　] 안의 한자어를 한글로 쓰시오.

76. 동생은 한자 시험에서 백 [點]을 맞고 무척 기뻐했다.　（　　　）

77. 평면과 평면이 만나 [角]을 이룰 수 있다.　（　　　）

78. 그녀는 자기 일은 꼼꼼히 챙기는 반면 주위 사람들에 대해서는 [無關心]하다. （　　　）

79. [式]을 세우면 응용문제를 풀기가 쉽다.　（　　　）

80. 과학 시간에 [混合物]을 분리하는 실험을 하였다.　（　　　）

- 수고하셨습니다 -

한자실력급수 자격시험 **6급** 연습문제 〈13〉

객관식 (1~30번)

※ [　　] 안의 한자의 음(소리)으로 알맞은 것은?

1. [工]　① 강　② 공　③ 토　④ 왕
2. [山]　① 산　② 메　③ 출　④ 토
3. [水]　① 목　② 화　③ 빙　④ 수
4. [十]　① 칠　② 십　③ 열　④ 구
5. [入]　① 들　② 인　③ 입　④ 팔

※ [　　] 안의 한자와 음이 같은 한자는?

6. [夕]　① 外　② 石　③ 名　④ 心
7. [子]　① 內　② 父　③ 自　④ 四
8. [白]　① 母　② 百　③ 足　④ 七

※ [　　] 안의 한자와 뜻이 반대되거나 상대되는 한자는?

9. [北]　① 南　② 木　③ 八　④ 正
10. [下]　① 生　② 同　③ 女　④ 上

※ 〈보기〉의 단어들과 가장 관련이 깊은 한자는?

11. | 〈보기〉 | 시력 | 안과 | 안경 |
|---|---|---|---|

　　① 寸　② 立　③ 日　④ 目

12. | 〈보기〉 | 조금 | 적다 | 어리다 |
|---|---|---|---|

　　① 少　② 一　③ 王　④ 中

13. | 〈보기〉 | 가족 | 동생 | 제자 |
|---|---|---|---|

　　① 兄　② 主　③ 弟　④ 東

※ [　　] 안에 설명에 맞는 한자어를 완성할 때, ○에 들어갈 한자는?

14. ○方 : [향하여 나아가는 곳.]
　　① 三　② 向　③ 小　④ 夫
15. 人○ : [인류의 문화. 인물과 문물.]
　　① 力　② 土　③ 月　④ 文

※ [　　] 안의 한자어의 독음(소리)으로 알맞은 것은?

16. 성격이나 취미에 [共通]부분이 많은 사람은 서로 친해지기가 쉽다.
　　① 공용　② 공통　③ 공유　④ 공감
17. 학생들은 [實驗]을 마치고 시간에 따른 온도 변화를 그래프로 나타내었다.
　　① 경험　② 시험　③ 실험　④ 모험
18. 집에서 도서관까지는 걸어서 10분 [距離]이다.
　　① 거리　② 소요　③ 시간　④ 공간
19. 냉동선의 [發明]으로 대륙 간에도 생고기를 수송할 수 있게 되었다.
　　① 등장　② 발생　③ 발견　④ 발명
20. 그날도 역시 담임 선생님은 우리들 앞에서 긴 한시를 자랑스레 [暗誦]하셨다.
　　① 암송　② 낭송　③ 칭송　④ 소송

※ [　　] 안의 한자어의 뜻으로 알맞은 것은?

21. [恭遜]
　① 할아버지와 손자를 아울러 이르는 말.
　② 남의 주장이나 감정, 생각 따위에 찬성하여 자기도 그렇다고 느낌.
　③ 두 사람 이상이 한 물건을 공동으로 소유함.
　④ 예의가 바르고 겸손함.

22. [周邊]
　① 어떤 대상의 둘레.
　② 주되고 중요함.
　③ 사물의 가장 중심이 되는 부분.
　④ 어느 한쪽으로 치우치지 않은 한복판.

23. [理解]
　① 사실과 다르게 해석함.
　② 외국어로 된 글을 자기 나라의 말로 풀이함.
　③ 사물의 정당하고 당연한 조리.
　④ 말이나 글의 뜻 따위를 알아들음.

24. [役割]
　① 남에게 구속을 받거나 무엇에 얽매이지 않고 자기 뜻에 따라 행동하는 것.
　② 아무 거리낌이 없이 제멋대로 함부로 행동함.
　③ 일정한 자격으로 자신이 하여야 할 맡은 바의 일.
　④ 우편물이나 신문, 음식 따위를 날라다 줌.

25. [差異]
① 서로 어긋나거나 다름. 또는 그 간격.
② 여럿이 한곳에 모여 일정한 무리를 이룸.
③ 둘 이상의 것이 한곳에서 서로 맞닿거나 엇갈림.
④ 사물들이 서로 동일한 모습으로 마주보며 짝을 이루고 있는 상태.

※ [ ] 안에 들어갈 한자어로 알맞은 것은?

26. 꼭짓점이 셋 이상인 [   ]에는 삼각형도 포함된다.
   ① 圖形 ② 特徵 ③ 結果 ④ 友愛

27. 토론이 너무 혼란스러우니 발언 [   ]을/를 정해 차근차근 이야기를 풀어 갑시다.
   ① 苦悶 ② 標語 ③ 順序 ④ 最善

28. 아이가 별 [   ]도 없이 온종일 장알장알하는 걸 보면 어디가 아픈 모양이다.
   ① 平素 ② 理由 ③ 安全 ④ 種類

29. 민주주의 사회에서 [   ]의 자유는 당연하다.
   ① 儉素 ② 加熱 ③ 表現 ④ 物體

30. 산속의 갑작스러운 [   ] 변화에 적응하기 위하여 여벌의 옷을 준비하였다.
   ① 溫度 ② 對話 ③ 配列 ④ 分數

주관식 (31~80번)

※ 다음 한자의 훈(뜻)과 음(소리)을 한글로 쓰시오.
31. 外 (   )
32. 四 (   )
33. 名 (   )
34. 母 (   )
35. 心 (   )
36. 足 (   )
37. 內 (   )
38. 七 (   )
39. 父 (   )
40. 木 (   )

※ [   ] 안의 뜻을 가진 한자를 〈보기〉에서 찾아 쓰시오.

〈보기〉 水 同 山 中 正 十 天 立 工 入

41. 그 [장인]은 세계 제일의 구두를 만든다는 자부심이 대단하다. (   )

42. 뽀얀 낮 안개가 멀리 둘러선 [산]을 보랏빛으로 바꾸어 놓았다. (   )

43. 투명한 유리그릇에 [물]을 담았다.
   (   )

44. 우리 마을은 [열] 채 남짓한 농가들이 모인 외진 촌락이다. (   )

45. 동생은 내년에 학교에 [들어간다.]
   (   )

46. 우리 선조들은 옛날부터 [하늘]에 제사를 지내 왔다. (   )

47. 우리는 줄을 [바르게] 섰다.
   (   )

48. 나는 그 사람과 고향이 [같다.]
   (   )

49. 냇물이 들판 [가운데]를 꿰뚫어 흐르고 있다.
   (   )

50. 원주민들은 그곳에다가 탑을 [세웠다.]
   (   )

※ 훈(뜻)과 음(소리)에 맞는 한자를 〈보기〉에서 찾아 쓰시오.

〈보기〉	六 五 江 西 九 川 火 金 二 男

51. 사내   남   (   )

52. 내   천   (   )

53. 서녘   서   (   )

54. 여섯   륙   (   )

55. 쇠   금   (   )

56. 강   강   (   )

57. 아홉   구   (   )

58. 두   이   (   )

59. 불   화   (   )

60. 다섯   오   (   )

※ 한자어의 독음(소리)을 한글로 쓰시오.

61. 八寸   (   )

62. 中小   (   )

63. 正立   (   )

64. 兄夫   (   )

65. 生日   (   )

66. 主力   (   )

67. 同一   (   )

68. 東土   (   )

69. 女王   (   )

70. 三月   (   )

※ 〈보기〉의 뜻을 참고하여 ○안에 공통으로 들어갈 한자를 쓰시오.

71. (1) 木○   (2) ○工   (   )

〈보기〉	(1) 목재를 이용하여 여러 가지 물건을 만드는 일을 전문으로 하는 사람. (2) 손으로 하는 공예.

72. (1) 水○   (2) 入○   (   )

〈보기〉	(1) 물의 흐름을 막거나 유량을 조절하기 위해 여닫을 수 있게 만든 시설. (2) 어떤 조직이나 분야에 들어감.

73. (1) ○山   (2) ○天   (   )

〈보기〉	(1) 풀과 나무가 무성한 푸른 산. (2) 푸른 하늘.

※ [   ] 안의 단어를 한자로 쓰시오.

74. 내리실 분은 미리미리 [출구]로 나와 주시기 바랍니다.   (   )

75. 이곳 경주는 신라 [천년] 사직의 중심지이다.   (   )

※ [   ] 안의 한자어를 한글로 쓰시오.

76. 모든 과학자들이 이론가, 실험가 혹은 발명가로 명확히 [分類]되는 것은 아니다.   (   )

77. 힘을 합쳐 [問題]를 해결하자.   (   )

78. 이 도로는 밤시간에 주차 공간으로 [活用]될 예정이다.   (   )

79. 방학 중의 일과 계획을 세워 [表]로 만들었다.   (   )

80. 부모님을 봉양하고 [孝道]하는 것은 우리나라 의 미풍양속이다.   (   )

- 수고하셨습니다 -

한자실력급수 자격시험 6급 연습문제 〈14〉

객관식 (1~30번)

※ [　] 안의 한자의 음(소리)으로 알맞은 것은?
1. [手]　① 손　② 족　③ 모　④ 수
2. [百]　① 백　② 일　③ 천　④ 해
3. [山]　① 출　② 산　③ 토　④ 강
4. [方]　① 구　② 력　③ 방　④ 도
5. [工]　① 강　② 왕　③ 삼　④ 공

※ [　] 안의 한자와 음이 같은 한자는?
6. [同]　① 少　② 東　③ 正　④ 弟
7. [南]　① 三　② 寸　③ 男　④ 川
8. [一]　① 火　② 日　③ 四　④ 兄

※ [　] 안의 한자와 뜻이 반대되거나 상대되는 한자는?
9. [內]　① 外　② 目　③ 六　④ 靑
10. [父]　① 九　② 木　③ 白　④ 母

※ 〈보기〉의 단어들과 가장 관련이 깊은 한자는?

11. | 〈보기〉 | 반지 | 황금 | 팔찌 |
    ① 千　② 白　③ 金　④ 月

12. | 〈보기〉 | 나이 | 12개월 | 365일 |
    ① 石　② 女　③ 入　④ 年

13. | 〈보기〉 | 노래 | 음식 | 입술 |
    ① 出　② 天　③ 口　④ 北

※ [　] 안에 설명에 맞는 한자어를 완성할 때, ○에 들어갈 한자는?
14. ○人 : [문예에 종사하는 사람.]
    ① 西　② 文　③ 力　④ 土
15. ○生 : [자기 자신의 힘으로 살아감.]
    ① 自　② 心　③ 門　④ 向

※ [　] 안의 한자어의 독음(소리)으로 알맞은 것은?
16. 이제 겨우 우리 목적지의 [半]을 왔다.
    ① 식　② 각　③ 반　④ 점
17. 비행기는 지상의 유도에 따라 [着陸]하였다.
    ① 착륙　② 이륙　③ 비행　④ 발사
18. [標語]란 어떤 의견이나 주장을 간명하게 표현한 짧은 어구를 말한다.
    ① 경구　② 표어　③ 표지　④ 언어
19. 이곳의 시설물 [利用]은 무료입니다.
    ① 공용　② 사용　③ 활용　④ 이용
20. 나는 [時間]을 재기 위하여 시계를 탁자 위에 올려놓았다.
    ① 시각　② 시공　③ 시간　④ 시작

※ [　] 안의 한자어의 뜻으로 알맞은 것은?
21. [反省]
    ① 물음에 대답하지 아니하고 되받아 물음.
    ② 어떤 행동이나 견해, 제안 따위에 따르지 아니하고 맞서 거스름.
    ③ 자기 언행에 대하여 잘못이나 부족함이 없는지 돌이켜봄.
    ④ 뒤에 오는 말이 앞의 내용과 상반됨을 나타내는 말.
22. [區間]
    ① 어떤 지점과 다른 지점과의 사이.
    ② 일정한 기준에 따라 전체를 몇 개로 갈라 나눔.
    ③ 갈라놓은 지역.
    ④ 성질이나 종류에 따라 차이가 남.
23. [差]
    ① 여럿이 한데 모임. 또는 여럿을 한데 모음.
    ② 더하거나 빼는 일.
    ③ 안개가 걷히듯 흩어져 없어짐.
    ④ 어떤 수나 식에서 다른 수나 식을 뺀 나머지.
24. [配列]
    ① 물자를 여러 곳에 나누어 보내 줌.
    ② 일정한 차례나 간격에 따라 벌여 놓음.
    ③ 상품 따위를 생산자에서 소비자에게 옮김. 또는 그런 유통 과정.
    ④ 우편물이나 짐, 상품 따위를 요구하는 장소까지 직접 배달해 주는 일.

25. [實踐]
  ① 생각한 바를 실제로 행함.
  ② 감독하고 검사함.
  ③ 실제의 상태나 내용.
  ④ 앞으로 할 일의 절차, 방법, 규모 따위를 미리 헤아려 작정함.

※ [   ] 안에 들어갈 한자어로 알맞은 것은?

26. 삼촌은 [   ]에는 유순한 사람이지만 한번 화 내면 굉장히 무섭다.
  ① 圖形 ② 順序 ③ 平素 ④ 孝道

27. 칠팔일 뒤면 시험 [   ]가 나올 것이다.
  ① 一周 ② 分離 ③ 對話 ④ 結果

28. 우리 어머님은 바닥난 고무신을 기워 신을 정 도로 [   ]한 생활을 했다.
  ① 差異 ② 儉素 ③ 問題 ④ 評價

29. 나는 재빨리 손전등으로 검은 [   ]를 내리비 추었다.
  ① 物體 ② 溫度 ③ 友愛 ④ 理解

30. 사람들은 자연과 융화해서 살아가는 [   ]을 터득했다.
  ① 實驗 ② 表現 ③ 恭遜 ④ 方法

주관식 (31~80번)

※ 다음 한자의 훈(뜻)과 음(소리)을 한글로 쓰시오.

31. 少   (   )
32. 川   (   )
33. 正   (   )
34. 火   (   )
35. 弟   (   )
36. 四   (   )
37. 三   (   )
38. 兄   (   )
39. 寸   (   )
40. 目   (   )

※ [   ] 안의 뜻을 가진 한자를 〈보기〉에서 찾아 쓰시오.

〈보기〉 百 中 手 靑 工 王 山 石 方 水

41. 그 미술가는 생명이 있는 듯한 조각품을 창조해 내는 [장인]이었다.   (   )

42. 그녀는 계단을 내려가다가 [모]가 난 곳에 정강 이를 세게 부딪쳤다.   (   )

43. 선생님은 학생들의 [백] 미터 달리기를 초시계 로 쟀다.   (   )

44. 날이 맑아서인지 멀리 있는 [산]이 분명히 보인 다.   (   )

45. 아이들은 모두 배꼽을 두 [손]으로 움켜잡고 뒹 굴며 웃어 댔습니다.   (   )

46. [물]에 빠진 개가 뭍으로 나오자 꼬리까지 뒤떨 며 물기를 털었다.   (   )

47. 수양 대군은 1455년 단종을 몰아내고 [임금]이 되었다.   (   )

48. 이번 가을에는 박물관에서 고려청자 [가운데] 명품을 엄선하여 전시한다.   (   )

49. [돌]에 걸려 넘어진 동생은 입술을 배죽거리더 니 끝내 울음을 터뜨렸다.   (   )

50. 넓고 [푸른] 바다를 보고 있으니 가슴이 탁 트이 는 것 같다.   (   )

※ 훈(뜻)과 음(소리)에 맞는 한자를 <보기>에서 찾아 쓰시오.

<보기>	主 夕 五 二 八 江 十 足 小 七

51. 다섯   오   (   )
52. 주인   주   (   )
53. 작을   소   (   )
54. 저녁   석   (   )
55. 일곱   칠   (   )
56. 강   강   (   )
57. 여덟   팔   (   )
58. 발   족   (   )
59. 열   십   (   )
60. 두   이   (   )

※ 한자어의 독음(소리)을 한글로 쓰시오.

61. 入力   (   )
62. 六千   (   )
63. 出土   (   )
64. 靑白   (   )
65. 天心   (   )
66. 九月   (   )
67. 北門   (   )
68. 木石   (   )
69. 西向   (   )
70. 子女   (   )

※ <보기>의 뜻을 참고하여 ○안에 공통으로 들어갈 한자를 쓰시오.

71. (1) 中○   (2) 王○   (   )

<보기>	(1) 어느 쪽에도 치우치지 않고 중간적 입장을 지킴. (2) 국왕이나 왕족이 세움. 또는 그런 건물이나 기관.

72. (1) ○水   (2) 山○   (   )

<보기>	(1) 가정이나 공장 따위에서 일정한 용도로 사용한 후 버리는 더러운 물. (2) 산의 아래쪽.

73. (1) ○工   (2) ○手   (   )

<보기>	(1) 기술이 뛰어난 장인. (2) 훌륭한 소질이나 솜씨를 갖춘 사람.

※ [   ] 안의 단어를 한자로 쓰시오.

74. 어머니는 아버지보다 2년 [**연상**]이시다.
    (   )

75. 박 선생님, 이번 모임에는 [**부인**]도 같이 오실 거죠?   (   )

※ [   ] 안의 한자어를 한글로 쓰시오.

76. 삼각형의 내각의 [合]은 180도이다.
    (   )

77. 방공호로 [安全]하게 대피하는 연습을 했다.
    (   )

78. 맛을 내기 위하여 [化學]조미료를 지나치게 많이 쓰는 것은 좋지 않다. (   )

79. 이 제과점에는 다양한 [種類]의 과자가 있다.
    (   )

80. 은행 직원인 누나는 웬만한 [計算]은 속셈으로 해치워 버린다.   (   )

- 수고하셨습니다 -

모범답안

〈 1 〉

문항	정답	문항	정답	문항	정답
1	③	11	③	21	④
2	①	12	④	22	①
3	④	13	②	23	④
4	②	14	①	24	③
5	③	15	③	25	②
6	①	16	④	26	④
7	②	17	①	27	③
8	④	18	②	28	②
9	③	19	③	29	③
10	②	20	④	30	①

문항	정답	문항	정답
31	맏/형 형	56	白
32	강 강	57	千
33	지아비 부	58	十
34	적을 소	59	入
35	서녘 서	60	名
36	해/날 일	61	육촌
37	눈 목	62	중립
38	아홉 구	63	제자
39	내 천	64	소심
40	여덟 팔	65	방향
41	木	66	삼백
42	夕	67	화구
43	王	68	수력
44	二	69	정월
45	土	70	출생
46	火	71	工
47	水	72	金
48	正	73	年
49	出	74	父母
50	立	75	主人
51	五	76	반성
52	四	77	관찰
53	北	78	화목
54	七	79	이용
55	女	80	주변

〈 2 〉

문항	정답	문항	정답	문항	정답
1	④	11	③	21	②
2	①	12	①	22	①
3	③	13	③	23	④
4	②	14	①	24	②
5	④	15	④	25	③
6	②	16	③	26	②
7	③	17	①	27	②
8	①	18	②	28	②
9	④	19	④	29	①
10	①	20	③	30	④

문항	정답	문항	정답
31	아래 하	56	文
32	불 화	57	小
33	임금 왕	58	百
34	열 십	59	外
35	맏/형 형	60	石
36	흙 토	61	구천
37	바를 정	62	동방
38	서녘 서	63	입력
39	사내 남	64	사월
40	내 천	65	삼촌
41	名	66	상향
42	門	67	생수
43	山	68	심중
44	二	69	연소
45	弟	70	일출
46	天	71	江
47	年	72	同
48	力	73	母
49	中	74	靑白
50	少	75	七夕
51	寸	76	기구
52	內	77	검소
53	年	78	도형
54	六	79	평가
55	五	80	종류

〈 3 〉

문항	정답	문항	정답	문항	정답
1	④	11	③	21	④
2	①	12	④	22	③
3	②	13	②	23	①
4	③	14	④	24	②
5	④	15	①	25	④
6	②	16	①	26	②
7	①	17	①	27	①
8	④	18	④	28	②
9	①	19	②	29	③
10	②	20	③	30	③

문항	정답	문항	정답
31	스스로 자	56	母
32	푸를 청	57	三
33	손 수	58	上
34	일백 백	59	西
35	글월 문	60	少
36	두 이	61	육십
37	주인 주	62	화력
38	발 족	63	백금
39	북녘 북	64	사촌
40	눈 목	65	연중
41	五	66	방정
42	王	67	소자
43	外	68	산천
44	月	69	부녀
45	人	70	내심
46	七	71	名
47	土	72	夫
48	八	73	水
49	正	74	同一
50	內	75	門下
51	立	76	표현
52	工	77	온도
53	金	78	역할
54	兄	79	구간
55	年	80	무관심

모범답안

〈 4 〉

문항	정답	문항	정답	문항	정답
1	③	11	③	21	②
2	④	12	①	22	①
3	②	13	④	23	④
4	①	14	②	24	②
5	③	15	③	25	③
6	④	16	①	26	②
7	①	17	②	27	③
8	②	18	④	28	③
9	③	19	③	29	①
10	④	20	②	30	④

문항	정답	문항	정답
31	입 구	56	七
32	힘 력	57	靑
33	여섯 륙	58	川
34	어머니 모	59	向
35	날 출	60	日
36	아버지 부	61	금석
37	넉 사	62	산하
38	석 삼	63	여왕
39	저녁 석	64	북상
40	들 입	65	십구
41	門	66	인생
42	心	67	자주
43	外	68	천문
44	月	69	팔방
45	子	70	강남
46	千	71	內
47	兄	72	弟
48	自	73	正
49	文	74	中立
50	石	75	一同
51	二	76	혼합물
52	寸	77	발명
53	足	78	상품
54	五	79	평소
55	土	80	배열

〈 5 〉

문항	정답	문항	정답	문항	정답
1	②	11	④	21	③
2	①	12	①	22	④
3	④	13	③	23	②
4	②	14	①	24	①
5	③	15	④	25	③
6	②	16	②	26	④
7	③	17	③	27	①
8	②	18	①	28	②
9	①	19	②	29	③
10	④	20	①	30	④

문항	정답	문항	정답
31	불 화	56	足
32	두 이	57	九
33	쇠 금	58	入
34	글월 문	59	弟
35	바깥 외	60	正
36	손 수	61	명인
37	주인 주	62	석공
38	여덟 팔	63	십칠
39	문 문	64	자력
40	석 삼	65	백방
41	口	66	소녀
42	內	67	오촌
43	四	68	왕립
44	山	69	백토
45	月	70	육천
46	子	71	中
47	天	72	出
48	川	73	下
49	白	74	兄夫
50	石	75	靑年
51	東	76	온도
52	生	77	순서
53	水	78	특징
54	小	79	안전
55	西	80	화목

〈 6 〉

문항	정답	문항	정답	문항	정답
1	②	11	④	21	④
2	①	12	③	22	①
3	④	13	①	23	②
4	②	14	②	24	②
5	③	15	④	25	④
6	②	16	②	26	②
7	③	17	①	27	③
8	②	18	③	28	④
9	①	19	④	29	①
10	④	20	③	30	②

문항	정답	문항	정답
31	여덟 팔	56	九
32	남녘 남	57	七
33	불 화	58	二
34	임금 왕	59	目
35	입 구	60	上
36	석 삼	61	백년
37	서녘 서	62	오십
38	메 산	63	소인
39	달 월	64	육일
40	넉 사	65	부형
41	少	66	토목
42	水	67	하녀
43	二	68	북향
44	弟	69	수공
45	足	70	심중
46	寸	71	一
47	七	72	名
48	五	73	江
49	土	74	正立
50	手	75	主力
51	水	76	공손
52	母	77	분리
53	門	78	일주
54	男	79	각
55	足	80	혼합물

모범답안

〈 7 〉

문항	정답	문항	정답	문항	정답
1	④	11	④	21	②
2	①	12	①	22	①
3	②	13	③	23	④
4	③	14	②	24	②
5	④	15	④	25	③
6	②	16	②	26	③
7	③	17	③	27	③
8	④	18	①	28	③
9	①	19	④	29	④
10	②	20	①	30	④

문항	정답	문항	정답
31	눈 목	56	千
32	다섯 오	57	少
33	작을 소	58	工
34	사람 인	59	靑
35	설 립	60	三
36	여덟 팔	61	북방
37	내 천	62	출토
38	향할 향	63	자족
39	들 입	64	형제
40	저녁 석	65	수중
41	女	66	천심
42	力	67	칠일
43	木	68	십육
44	手	69	금석
45	王	70	사촌
46	一	71	火
47	寸	72	父
48	六	73	名
49	心	74	生母
50	弟	75	年內
51	二	76	발명
52	外	77	실험
53	江	78	차이
54	男	79	문제
55	主	80	시간

〈 8 〉

문항	정답	문항	정답	문항	정답
1	②	11	④	21	③
2	①	12	③	22	④
3	④	13	①	23	②
4	②	14	②	24	①
5	③	15	④	25	③
6	②	16	②	26	④
7	③	17	①	27	①
8	②	18	③	28	②
9	①	19	④	29	③
10	④	20	③	30	④

문항	정답	문항	정답
31	넉 사	56	工
32	주인 주	57	南
33	여섯 륙	58	八
34	저녁 석	59	立
35	위 상	60	北
36	향할 향	61	남자
37	흰 백	62	문중
38	열 십	63	오년
39	적을 소	64	정심
40	힘 력	65	목하
41	口	66	백금
42	內	67	삼천
43	母	68	화산
44	木	69	여왕
45	寸	70	구월
46	土	71	人
47	男	72	自
48	五	73	方
49	正	74	一生
50	目	75	入水
51	西	76	낭송
52	江	77	가열
53	石	78	표
54	小	79	순서
55	二	80	일주

〈 9 〉

문항	정답	문항	정답	문항	정답
1	④	11	③	21	②
2	①	12	④	22	①
3	③	13	②	23	④
4	②	14	①	24	②
5	④	15	③	25	③
6	②	16	④	26	②
7	③	17	①	27	②
8	①	18	②	28	②
9	④	19	③	29	①
10	①	20	④	30	④

문항	정답	문항	정답
31	주인 주	56	王
32	장인 공	57	二
33	여섯 륙	58	男
34	아래 하	59	弟
35	불 화	60	三
36	서녘 서	61	월출
37	강 강	62	명목
38	돌 석	63	동문
39	열 십	64	칠석
40	내 천	65	향상
41	力	66	구천
42	立	67	생수
43	四	68	입금
44	人	69	동산
45	中	70	오백
46	八	71	木
47	月	72	手
48	同	73	女
49	七	74	方正
50	生	75	天文
51	寸	76	방법
52	外	77	최선
53	土	78	분리
54	口	79	실천
55	心	80	각

모범답안

〈 10 〉

문항	정답	문항	정답	문항	정답
1	③	11	④	21	④
2	④	12	①	22	①
3	②	13	②	23	③
4	①	14	③	24	②
5	③	15	④	25	④
6	④	16	②	26	②
7	①	17	③	27	③
8	②	18	④	28	①
9	③	19	①	29	④
10	④	20	②	30	①

문항	정답	문항	정답
31	글월 문	56	兄
32	아홉 구	57	心
33	지아비 부	58	靑
34	작을 소	59	西
35	쇠 금	60	足
36	입 구	61	생모
37	임금 왕	62	강동
38	눈 목	63	하산
39	주인 주	64	제자
40	아버지 부	65	삼일
41	立	66	육년
42	門	67	팔십
43	月	68	상동
44	人	69	사촌
45	一	70	오천
46	天	71	名
47	同	72	正
48	年	73	中
49	日	74	自力
50	母	75	百方
51	白	76	발명
52	二	77	구간
53	火	78	거리
54	七	79	역할
55	北	80	배열

〈 11 〉

문항	정답	문항	정답	문항	정답
1	④	11	④	21	②
2	③	12	①	22	①
3	①	13	③	23	④
4	②	14	②	24	②
5	④	15	④	25	①
6	②	16	②	26	②
7	①	17	③	27	④
8	③	18	①	28	②
9	④	19	④	29	①
10	③	20	①	30	④

문항	정답	문항	정답
31	두 이	56	四
32	여섯 륙	57	石
33	흙 토	58	少
34	아버지 부	59	男
35	여덟 팔	60	川
36	바를 정	61	백명
37	일곱 칠	62	모녀
38	푸를 청	63	향상
39	저녁 석	64	소심
40	달 월	65	공부
41	口	66	삼촌
42	水	67	십구
43	人	68	자주
44	日	69	일금
45	子	70	왕립
46	兄	71	白
47	母	72	入
48	上	73	弟
49	心	74	出力
50	夫	75	天下
51	西	76	표어
52	千	77	활용
53	方	78	종류
54	南	79	주변
55	江	80	계산

〈 12 〉

문항	정답	문항	정답	문항	정답
1	④	11	③	21	④
2	①	12	④	22	③
3	②	13	②	23	①
4	③	14	④	24	②
5	④	15	①	25	④
6	②	16	①	26	②
7	③	17	①	27	①
8	②	18	④	28	③
9	①	19	②	29	④
10	④	20	③	30	③

문항	정답	문항	정답
31	눈 목	56	工
32	안 내	57	五
33	저녁 석	58	七
34	북녘 북	59	文
35	두 이	60	寸
36	석 삼	61	중심
37	설 립	62	토목
38	발 족	63	소년
39	한자지 동	64	모녀
40	푸를 청	65	육십
41	四	66	강수
42	上	67	화력
43	生	68	팔방
44	石	69	정월
45	小	70	출입
46	手	71	白
47	少	72	子
48	年	73	天
49	力	74	文人
50	中	75	一名
51	山	76	점
52	金	77	각
53	自	78	무관심
54	日	79	식
55	百	80	혼합물

모범답안

\<13\>						\<14\>					
문항	정답	문항	정답	문항	정답	문항	정답	문항	정답	문항	정답
1	②	11	④	21	④	1	④	11	③	21	③
2	①	12	①	22	①	2	①	12	④	22	①
3	④	13	③	23	④	3	②	13	③	23	④
4	②	14	②	24	③	4	③	14	②	24	②
5	③	15	④	25	①	5	④	15	①	25	①
6	②	16	②	26	①	6	②	16	③	26	③
7	③	17	③	27	③	7	③	17	①	27	④
8	②	18	①	28	②	8	②	18	②	28	②
9	①	19	④	29	③	9	①	19	④	29	①
10	④	20	①	30	①	10	④	20	③	30	④

문항	정답	문항	정답	문항	정답	문항	정답
31	바깥 외	56	江	31	적을 소	56	江
32	넉 사	57	九	32	내 천	57	八
33	이름 명	58	二	33	바를 정	58	足
34	어머니 모	59	火	34	불 화	59	十
35	마음 심	60	五	35	아우 제	60	二
36	발 족	61	팔촌	36	넉 사	61	입력
37	안 내	62	중소	37	석 삼	62	육천
38	일곱 칠	63	정립	38	맏/형 형	63	출토
39	아버지 부	64	형부	39	마디 촌	64	청백
40	나무 목	65	생일	40	눈 목	65	천심
41	工	66	주력	41	工	66	구월
42	山	67	동일	42	方	67	북문
43	水	68	동토	43	百	68	목석
44	十	69	여왕	44	山	69	서향
45	入	70	삼월	45	手	70	자녀
46	天	71	手	46	水	71	立
47	正	72	門	47	王	72	下
48	同	73	靑	48	中	73	名
49	中	74	出口	49	石	74	年上
50	立	75	千年	50	靑	75	夫人
51	男	76	분류	51	五	76	합
52	川	77	문제	52	主	77	안전
53	西	78	활용	53	小	78	화학
54	六	79	표	54	夕	79	종류
55	金	80	효도	55	七	80	계산